Karl Giannoni

Paulinus II., Patriarch von Aquileia

Ein Beitrag zur Kirchengeschichte Österreichs im Zeitalter Karls des

Grossen

Karl Giannoni

Paulinus II., Patriarch von Aquileia
Ein Beitrag zur Kirchengeschichte Österreichs im Zeitalter Karls des Grossen

ISBN/EAN: 9783743405868

Hergestellt in Europa, USA, Kanada, Australien, Japan

Cover: Foto ©Lupo / pixelio.de

Weitere Bücher finden Sie auf **www.hansebooks.com**

Paulinus II.

Patriarch von Aquileia.

Ein Beitrag

zur

Kirchengeschichte Österreichs im Zeitalter Karls des Großen

von

Dr. Carl Giannoni.

Wien

Verlag bei Mayer & Co.

1896.

Einleitung.

Der Frankenkönig Karl war „König der Langobarden" geworden.[1]) Er unterzog ihr Land nicht einer durchgreifenden Neugestaltung seiner inneren Verhältnisse, sondern beherrschte es als Nachfolger des Königs Desiderius. Daran änderte auch der mißglückte Aufstand des von Karl eingesetzten einheimischen Herzogs Hrodgaud (776)[2]) nicht viel. Aber der Nachfolger des langobardischen Rebellen mußte doch wohl ein Franke sein. Ein Brief des Papstes Hadrian aus der Zeit zwischen 776—780[3]) nennt Marcarius als Herzog von Friaul. Bezüglich der Ansicht, daß Marcarius nicht Eigenname, sondern Titel sei und Markgraf bezeichne, verweise ich auf die Widerlegung in den Jahrbüchern des fränkischen Reiches,[4]) bezüg-lich der Einrichtung des Landes als Mark auf die späteren Ausführungen.[5]) Der von Liruti[6]) auf Grund einer Urkunde zwischen Hrodgaud und Mar-carius eingeschobene Herzog Massellio, den Manzano[7]) und Degani[8]) ganz unmöglicherweise auf Tassilo von Bayern beziehen, ist wahrscheinlich ein

---

[1]) In der Urkunde für das Kloster Bobbio vom 5. Juni 774 führt Karl zum erstenmale den Titel „Rex Francorum et Langobardorum". Mühlbacher: „Die Regesten des Kaiserreichs unter den Karolingern" no. 161.

[2]) Vgl. über denselben: Abel: „Jahrbücher des fränkischen Reiches unter Karl d. G." I, 2. Aufl. von Simson, S. 190, und Mühlbacher: Einleitung zu B. Joppi, „Unedierte Diplome aus Aquileja", Mittheilungen des Instituts für österreichische Geschichtsforschung I, 261.

[3]) Mon. Germ. Epp. III, 590, no. 63 [Jaffé: „Bibliotheca rer. German." IV. 207, no. 65].

[4]) Abel-Simson I, 254, A. 4.

[5]) Siehe unten S. 50 ff.

[6]) Liruti: „Notizie delle cose del Friuli" (Udine 1776 ff.) III, 151 ff., wo auch die gleich zu erwähnende Urkunde auszugsweise sich findet.

[7]) Manzano: „Annali del Friuli" I, 232, no. 1.

[8]) Degani: „La diocesi di Concordia" p. 52. (San Vito al Tagliamento. 1880, Tipografia Polo.)

— 4 —

langobardischer Graf mit dem üblichen Herzogstitel.[1]) Von Marcarius erfahren wir nichts weiter. Ihm folgte der Straßburger[2]) Erich. Wann dies geschah, läßt sich nicht feststellen. Sicher ist nur, daß es vor 795 gewesen sein muß, in welchem Jahre Erich als Führer gegen die Avaren erscheint.[3]) Zur Zeit seiner Einsetzung dürfte sich sein Gebiet auf das heutige italienische Friaul und das österreichische Görz und Grabisca beschränkt haben, denn Karantanien war seit 772 Bayern unterworfen,[4]) Istrien stand noch unter byzantinischer Herrschaft,[5]) und von einer Unterwerfung der Slaven im krainischen Gebiete vor den Avarenkriegen wissen wir nichts Sicheres. Diese erst führten zu der großen Erweiterung und Umgestaltung des friaulischen Verwaltungsgebietes, dem nach denselben Karantanien, Unter-Pannonien, Istrien, Liburnien und Dalmatien einverleibt wurden.[6]) Diese eroberten Länder, die zum größten Theile erst der Christianisierung zuzuführen waren, immer wieder zu Aufstand und Abfall geneigt, bildeten ein Gebiet, dessen Verwaltung besonders aus militärischen Gründen in die Hand eines einzigen Mannes gelegt werden mußte, dem aber zugleich ein der fränkischen Herrschaft gesichertes, jenem Gebiete benachbartes Land als Operationsbasis unterstehen mußte. So erhielt der Grenzgraf ein bedeutend erweitertes Verwaltungsgebiet mit einer vorwiegend militärischen Aufgabe, welche Stellung man nun mit dem Titel „Markgraf" benannte, denn das Wesen der Markgrafschaft liegt eben darin, daß sie die Grafschaft an der marc = Grenze ist.[7]) Als der erste Markgraf der Mark Friaul kann Erich betrachtet werden, wenn auch die definitive Ordnung der Marken erst

---

[1]) Über die Identität des langobardischen dux mit dem fränkischen comes und den Gebrauch dieser beiden Amtstitel nebeneinander vgl. Büdinger: „Österreichische Geschichte" I, 142, A. 3, und Hegel: „Geschichte der Städteverfassung von Italien" II, 11, A. 4.

[2]) „Versus Paulini de Herico duce" Strophe 3 und 4, Mon. Germ. Poetae Latini aevi Carolini I, 131.

[3]) Vgl. unten S. 40. — Dümmler: „Über die älteste Geschichte der Slaven in Dalmatien," Sitzungsberichte der Wiener Akademie der Wissenschaften, phil.-hist. Classe XX, 384, setzt Erich „etwa seit 788" als Verwalter Friauls an; Stralosch-Graßmann: „Geschichte der Deutschen in Österreich-Ungarn" I, 415, N. 1, nimmt in Karls Brief an Fastrada (Mon. Germ. Epp. III, 528 f., no. 20 [Jaffé IV, 349 ff., no. 6]) von 791 eine Erwähnung Erichs an. Vgl. unten S. 21 f.

[4]) Huber: „Geschichte Österreichs" I, 74.

[5]) Brief Hadrians an Karl, worin er mittheilt, daß der Bischof Mauricius in Istrien geblendet worden sei, weil man ihm zur Last legte, daß er Istrien in Karls Macht hätte bringen wollen. — Daß aber der fränkische Einfluß in Istrien bereits sehr stark war, beweist der Auftrag Karls an Mauricius, dort die Patrimonial-Einkünfte für den Papst einzuheben, und die Bitte Hadrians, Karl möge Marcarius von Friaul einschreiten lassen. Epp. III, 590, no. 63 [Jaffé IV, 207, no. 65].

[6]) Siehe unten S. 50.

[7]) Vgl. über die Verhältnisse in den Marken: Büdinger, a. a. O. I, 165 ff.

803 stattgefunden haben mag[1]) unter seinem Nachfolger Cadolaus. Zu=
mindest hat er das Gebiet, welches dann die Mark bildete, zum Theile
erobert und insgesammt verwaltet.

Der Zeitraum von 774—803 bedeutet für die politischen Verhältnisse
der weltlichen Provinz, in welcher der Sitz des Patriarchates von Aquileja
lag, und auf welche theilweise dessen Wirkungskreis sich erstreckte, den Über=
gang vom langobardischen Herzogthum zur fränkischen Markgrafschaft. Dieser
Hergang der Einordnung des langobardischen Gebietes in das Karolingische
Reich und die daraus sich ergebenden Umgestaltungen mußten auch auf
die Kirche des Landes einen bestimmenden Einfluß haben und auch im
Wirkungskreise dieser Aufgaben schaffen für den Mann, der ihr in dieser
Zeit vorstehen sollte.

Wie sich die Kirche von Aquileia zu Beginn dieses Umschwunges der
politischen Verhältnisse verhalten hat, ist nicht zu ermitteln. Keinesfalls hat
der damalige Patriarch Sigwald zu den Gegnern des Königs Desiderius
gehört; ja, wenn wir einer Inschrift am Patriarchenpalaste in Udine Glauben
schenken wollten, so hätte er, ein Verwandter des Königs, auf den er mäßigend
einwirkte, beim Falle desselben auch seine Würde eingebüßt.[2]) Dies wird
wohl nur eine Reminiscenz an die Thatsache sein, daß Sigwald der letzte
Patriarch im unabhängigen Langobardenreiche gewesen ist. Wäre er wirk=
lich abgesetzt worden, so hätte sich kaum die gegentheilige Erzählung von
der Gnade Karls gegen ihn gebildet.[3]) Es ist uns ein Brief-Fragment von
ihm erhalten, worin er König Karl ermahnt, nicht gegen das zu handeln, was
die Canones vorschreiben.[4])

Karl hat, wie in weltlichen, so auch in kirchlichen Dingen auf die
bisherige Entwicklung im Langobardenreiche Bedacht genommen. Ernannte
er im Frankenreiche die Bischöfe, so finden sich die Beispiele für die Aus=
nahme der freien Wahl gerade in Italien,[5]) so für Reggio[6]) (781) und
für Aquileia[7]) (792). Von der größten Bedeutung war es aber, daß Karl
die Immunität der geistlichen Besitzthümer nun auch in Italien einführte,
denn vorher hatten die einheimischen Könige zwar auch Freiheit von

---

[1]) Dümmler: „Über die südöstlichen Marken des fränkischen Reiches unter den Karolingern", Archiv für Kunde österr. Geschichtsquellen X, 17.

[2]) Die Inschrift bei Madrisius: „Sancti Paulini patriarchae Aquileiensis opera",
Vita p. XXI, col. 2, lautet: „Sigualdus Desiderii regis, affinis sui, immanitatem
mitigare satagebat: sed regni Longobardorum interitus antistitis optimi officiis
finem fecit."

[3]) Monachus Sangallensis II, 17, Jaffé IV, 693 f.

[4]) Mon. Germ. Epp. IV, 505, no. 8.

[5]) Waitz: „Deutsche Verfassungsgeschichte" III², 420.

[6]) Mühlbacher no. 230.

[7]) Urkunde für Paulinus von 792 bei Madrisius, p. 258, no. 3; Mühlbacher no. 310.

öffentlichen Abgaben und Leistungen verliehen, nicht aber das, was die Immunität ausmacht, vor allem die eigene Gerichtsbarkeit.[1]) Hieburch kamen „durch Immunität gefreite Städteweichbilder unter bischöflicher Obhut“ auf.[2])

Gleich nach der Unterwerfung des Langobarbenreiches scheint Karl jedoch die Bischofswahl noch nicht freigegeben zu haben, wie ja auch die Urkunden für Reggio und Aquileia erst von 781 und 792 sind,[3]) sonbern vorerst einige Franken als Bischöfe eingesetzt zu haben, da wir kaum an freie Wahl zu denken haben werden, wenn wir eben Angehörige des fränkischen Reiches als Bischöfe finden. So war Egino, der Bischof von Verona, bessen Tod (802) uns die Ann. Alamann.[4]) melden, ein Alamanne;[5]) von Bischof Petrus von Como sagt Mabrisius,[6]) bafs er 776 burch Karl als ber erste Franke auf den Bischoffit von Como kam. Aber einen Einheimischen setzte Karl auf den Metropolitansit von Aquileia, wie er zuerst einem Einheimi= schen das Herzogthum Friaul verliehen hat, Paulinus, von dem im Folgenden gehanbelt werden soll.

---

[1]) Vgl. Waiz IV², 299 f.; Sicel: „Beiträge zur Diplomatik“ III, Wiener Sitzungsberichte, 47, 202. Die Urkunde für Aquileia ist nicht, wie Czoernig in seinem in Bezug auf den historischen Theil sehr unkritischen Buche: „Das Land Görz und Grabisca mit Einschlufs von Aquileia“ S. 208, behauptet, das älteste Beispiel kirchlicher Immunität, auch nicht für Italien, für welches meines Wissens die Urkunde für das Kloster Farfa vom 29. Mai 775 (Mühlbacher no. 184) biesen Plat einnimmt.

[2]) Chabert: „Bruchstück einer Reichs- und Rechtsgeschichte der deutsch-österreichischen Länder“, Denkschriften der k. Akademie der Wissenschaften III, 147.

[3]) Siehe oben S. 5.

[4]) SS. I, 491.

[5]) (Egino) „de Alamannorum gente procreatus“, Ex miraculis S. Marci, c. 2. SS. IV, 450.

[6]) A. a. O., Dissert. II, § XXIII, p. 206, col. 2.

I. Capitel.

Paulinus bis zur Erhebung zum Patriarchen.

§ 1. Herkunft.

Über Paulinus' Geburt und Abstammung fehlen fast alle Daten. Als Jahr seines Todes wird uns 802[1]) überliefert, zuerst genannt wird er 776, und zwar als „venerabilis artis grammaticae magister".[2]) Madrisius[3]) zieht daraus einen Schluß auf sein Alter und meint, daß Paulinus, um venerabilis genannt zu werden, damals ungefähr 50 Jahre alt gewesen, also um 726 geboren sein müsse. Aus diesem Titel läßt sich aber nur folgern, daß Paulinus damals dem geistlichen Stande angehörte. Die Zeit seiner Geburt läßt sich nur mit schätzungsmäßiger Wahrscheinlichkeit in das zweite Viertel des 8. Jahrhunderts setzen.[4]) Sicher ist, daß Italien sein Vaterland ist, ungewiß jedoch ist seine Vaterstadt. „O laus Ausoniae, patriae decus", apostrophiert ihn Alcuin.[5]) Daraus ergibt sich aber noch keineswegs, wie A. Hauck auf diese Stelle gestützt[6]) behauptet, daß Paulinus ein Aquileienser war. Die Vaterstadt, welcher er zur Zierde gereicht, ist eben nicht genannt. Die Tradition, wie sie Madrisius[7]) überliefert, läßt Paulinus aus Praemariacum (Premariaco) bei Civibale, aus der Familie der Saccavini stammen, die seinen Festtag stets besonders feierlich begiengen[8])

---

[1]) Ann. Lauriss. min. SS. I, 120.

[2]) Urkunde Karls d. Gr. für Paulinus bei Madrisius p. 258, no. II.

[3]) A. a. O. p. XIV, col. 1, § V, und p. XXXVIII, col. 1, § XII.

[4]) C. Cipolla: „Fonti edite della storia della regione Veneta" in Monumenti storici pubblicati dalla R. Deputazione Veneta di Storia Patria, vol. III, Ser. IV, Miscellanea, vol. II p. 14, no. 23, setzt Paulinus' Geburt ungefähr 730—740.

[5]) Alcuini carm. XVII, v. 14, Poet. Lat. aevi Carol. p. 239. „Ausonia" gebraucht Alcuin öfter ganz allgemein für Italien: Alc. epp. 139, 86, Epp. IV, 220, 129 [Jaffé, 94 185, VI, 393, 651].

[6]) Albert Hauck: „Kirchengeschichte Deutschlands" II, 147, A. 5.

[7]) A. a. O. p. XIII, col. 2 f.

[8]) Graf Franz Coronini: „Aquileias Patriarchengräber" S. 39, Anm.

und Privilegien der Patriarchen besaßen. Paulinus sei in der Jugend der Feldarbeit oblegen, später zum Patriarchen erhoben worden, schon vorher begnadet durch das Wunder, daß das Holz seiner Hacke neu erblühte.[1]) Diese Tradition ist schon von Liruti[2]) als unglaubwürdig verworfen worden.

Paulinus gehörte jedenfalls vor seiner Erhebung zum Patriarchen dem geistlichen Stande an[3]) und war als Lehrer der Grammatik im Besitze hoher Bildung. Dazu führte in der Regel vornehme Abkunft, wie Sigwald, Paulus Diaconus und andere Beispiele zeigen. Der Sitz vornehmer Familien pflegten größere Städte zu sein. Diese Erwägung gegen die Tradition von der ländlichen und niebrigen Abkunft des Paulinus wird gestützt durch eine Tradition, welche die Vita des Nicoletti, die um 1578 verfaßt ist,[4]) der erwähnten voranstellt, wonach Paulinus aus einer der vornehmen Familien stammen soll, welche Alboin mit Gisulf, dem ersten Herzoge Friauls, zurückgelassen habe,[5]) deren Sitz also wahrscheinlich in Cividale zu suchen wäre. — So läßt sich die Frage nach Paulinus' Vaterstadt und Abkunft ebensowenig entscheiden wie die nach dem Jahre seiner Geburt. Will man Vermuthungen wagen, so wird man am ehesten sagen können: Paulinus ist, vornehmer Familie entstammend, vor der Mitte des 8. Jahrhunderts in Cividale geboren worden.

§ 2. Aufenthalt am fränkischen Hofe.

Paulinus wirkte als Geistlicher und Lehrer der Grammatik wahrscheinlich in Cividale, dem Sitze der Metropolitan-Geistlichkeit und einer Gelehrtenschule.[6]) In dieser Stellung ist er mit Karl bekannt geworden[7]) und hat von ihm im Jahre 776 schenkungsweise Grundbesitz erhalten. Unter welchen Umständen dies geschah, und wo Paulinus sich damals aufhielt,

---

[1]) Variante der Tradition aus dem 16. Jahrhundert, wonach das Wunder als Beweis seiner Erwählung zum Patriarchen geschieht, in der handschriftlichen Biographie des Patriarchen von Marcus Antonius Nicoletti, excerptweise und ins Lateinische übersetzt bei Mabrisius p. LVII ff.

[2]) Liruti: „Notizie delle vite ed opere scritte de' Letterati del Friuli" (Venezia 1760).

[3]) Vgl. oben S. 7.

[4]) Der Beweis bei Mabrisius p. LVII und LX, col. 2.

[5]) Nicoletti a. a. O. p. LXVII., col. 1, B.

[6]) 825 ist eine solche daselbst nachweislich; Hegel: Städteverfassung II, 63, N. 2; vgl. auch Rovelli: „Storia di Como" II, p. LXVIII. Ob er hier auch als Mitschüler von Paulus Diaconus unter Flavianus Studien gemacht hat, wie Liruti: Notizie de' Letterati del Friuli I 209 für wahrscheinlich hält, ist nicht zu erweisen.

[7]) Werner: „Alcuin und sein Jahrhundert" S. 5, meint 776, was ich für wahrscheinlicher halte als 774. Vgl. unten S. 11 f.

ist nicht bezeugt und kann nur durch Rückschlüsse von einem gesicherten
Aufenthaltsdatum aus gefolgert werden. Ein solches zunächst zu gewinnen,
soll im Folgenden versucht werden. Alcuin verfaßte, als er aus dem Franken=
reiche nach Britannien zurückkehrte, ein Gedicht an seine in jenem Lande
gewonnenen Freunde.[1] In diesem nennt er den Grammatiker Paulinus, der
als sein geliebter Freund erscheint,[2] und zählt ihn auch scherzend unter
seinen Verspöttern auf, gegen welche er Karls Schutz anruft,[3] zugleich mit
Petrus, Albricus, Samuel, Jonas.

Mit diesen Männern und Alcuin muß also Paulinus gleichzeitig am
fränkischen Hofe gewesen sein. In welche Zeit fällt nun dieser Aufenthalt
Alcuins an demselben und die Abfassung des Gedichtes nach der Rückkehr nach
Britannien? Die erste Romreise Alcuins mit seinem Lehrer Aelbert,[4] welche
vor den im Jahre 766[5] erfolgten Tod Bischofs Egbert von York fällt,[6] kommt,
als vor dem Regierungsantritte Karls liegend, nicht in Betracht. Ebensowenig
die letzte Rückkehr nach Britannien ungefähr 790,[7] da Paulinus damals
nicht mehr grammaticus war, und mehrere im Gedichte genannte Persön=
lichkeiten bereits gestorben waren.[8] Im Jahre 781, in welchem Alcuin
im März mit Karl in Parma zusammentraf,[9] reiste er im Auftrage des
Bischofs Eanbald von York, um für ihn das Pallium aus Rom zu holen.
Die Ausführung dieses Auftrages wird Alcuin wohl nicht mit einem so
langen Aufenthalte im Frankenreiche, wie ihn das Gedicht voraussetzt, ein=
geleitet haben. In Italien wurde er überdies damals von König Karl
aufgefordert, dauernd im fränkischen Reiche zu bleiben, was er von der
Zustimmung seines Königs und seines Erzbischofs abhängig machte. Alcuin
wird also nicht auf der Rückreise einen längeren Aufenthalt im Franken=
reiche gemacht haben, wo er bald dauernd in dasselbe kommen sollte.[10]

---

[1] „Alc. ad amicos", Poetae Latini I. 221 ff.
[2] Ebenda v. 47 f., S. 222.
[3] . . . . „Tu mihi protector, tutor, defensor adesto,
      Invida ne valeat me carpere lingua nocendo
      Paulini, Petri, Albrici, Samuelis, Jone,
      Vel quicumque velit mea rodere viscera morsu:
      Te terrente procul fugiat, discedat inanis."
V. 41 ff., ebenda S. 222.
[4] „Epitaphium Aelberti", v. 7—10, Poet. Lat. I, 206, no. II, und Alc. ep. 271,
Epp. IV, 429 [Jaffé, 269, VI, 835].
[5] „Vita Alcuini", c. 4, Jaffé VI, 13; vgl. Dümmler: Poet. Lat. I, 200, u. 3.
[6] „Alc. versus de sanctis Eboracensis ecclesiae" v. 1465—1467, Poet. Lat. I, 202
[7] Alc. epp. 7, 8, 9, Epp. IV. 31 ff. [Jaffé, 14, 16, 17, VI, 166 ff.].
[8] Die Bischöfe Albricus und Fuldradus im Jahre 784, Ann. Mosell. SS XVI, 497;
vgl. Dümmler: Poet. Lat. I, 221, N. 2.
[9] Vita Alc., c. 6, Jaffé, VI, 17; Mühlbacher no. 226 und 226 a.
[10] Es wäre dann auch auffällig, daß in dem Gedichte Alcuins: „An die Freunde"
jede Hindeutung auf ein Wiedersehen fehlt, das ja nahe bevorstand.

Zudem war ja König Karl abwesend, der erst nach Süden zog, als Alcuin bereits zurückkehrte;[1] das Gedicht aber setzt Karls Anwesenheit am fränkischen Hofe voraus.[2] Wir müssen daher an einen früheren Zeitpunkt für den Aufenthalt Alcuins denken. Die Vita Alcuini fügt der Erzählung von der Begegnung Karls mit Alcuin in Parma die Worte bei: „Noverat enim eum, quia olim a magistro suo ad ipsum directus fuerat."[3] Karl hatte Alcuin somit schon vor jener Begegnung kennen gelernt. Daß dies nicht etwa 779 oder 780 auf der Hinreise Alcuins nach Rom erfolgte, geht daraus hervor, daß er damals von Erzbischof Eanbald nach Rom, und nicht von seinem Lehrer Aelbert zu Karl gesendet wurde.[4] Aelbert baute als Erzbischof von York 778 ab, und zwar anfangs September.[5] Dieses Datum ergibt sich also für Alcuins Aufenthalt am fränkischen Hofe als Zeitgrenze nach oben. Die Grenze nach unten wird wegen der Nennung von Paulinus und Petrus[6] durch die kurz währenden näheren Beziehungen Karls zu Italien bestimmt, und durch die Nennung Samuels,[6] der identisch ist mit Beonrabus oder Bernerarbus,[7] welcher seit 777 Abt von Echternach war.[8] Daß mit Samuel wirklich dieser Abt Bernerarbus gemeint, und derselbe zur Zeit der Abfassung des Gedichtes in Echternach weilend gedacht ist, geht aus den geographischen Angaben des Gedichtes hervor. Die fingierte Reise desselben zu Alcuins Freunden — nicht Alcuins selbst, wie Dümmler meint[9] — geht den Rhein aufwärts über Köln bis an die Moselmündung, dann die Mosel aufwärts, dann zu Lande.[10] So werden wir nach Echternach geführt, nördlich von der Mosel gelegen, und überdies noch als „Wilbrordi loca sancta" genau gekennzeichnet. Nun wird aber Samuel nicht bloß in Echternach begrüßt, sondern auch mit Paulinus, Petrus und anderen als am Hofe anwesend

---

[1] Mühlbacher no. 226; Abel-Simson I, 398, A. 7.

[2] „Alc. ad amicos", v. 41 ff.; Poet. Lat. I, 222.

[3] Vita Alc. c. 6, Jaffé VI, 17. Die Zuverlässigkeit dieser Stelle wird noch gestützt durch die Bezugnahme Alcuins auf das Bekanntwerden mit Karl durch die Sendung seitens seines Lehrers Aelbert: „Et benedicta sit sancta Trinitas, unus deus omnipotens, Pater et Filius et Spiritus sanctus, qui mihi servulo suo licet indigno talem concessit dominum amicum et adiutorem gratiae suae, quam mihi per servam suam beatae memoriae magistrum meum, ministrare clementer dignatus est." Alc. ep. 143, (an Karl) Epp. IV, 224 [Jaffé 96, VI, 397].

[4] Vgl. oben S. 9.

[5] „Vers. de sanctis Eborac. ecclesiae", v. 1564 f., Poet. Lat. I, 204.

[6] „Alc. ad amicos", v. 41 ff., Poet. Lat. I, 222.

[7] Delisle: „Comptes rendus de l'Académie des Inscriptions et Belles-Lettres 1865". Nouv. sér. tome I, p. 333 f.

[8] „Catalogus I. abbatum Epternacensium", SS. XIII, 738.

[9] „Zur Lebensgeschichte Alchuins", Neues Archiv XVIII, 58 f.

[10] „Alc. ad amicos", v. 24, Poet. Lat. I, 221.

genannt. Dies paßt genau auf das Jahr 777, in welchem Samuel Abt wurde[1]) und den Hof verlassen haben wird, was also noch vor Alcuins Abreise nach England geschehen sein muß, da dieser ihn, wie wir gesehen, bereits in Echternach weiß. Die Abreise, und mit ihr die Abfassung des Gedichtes wäre dann 778 zu setzen, und findet in der Abdankung Aelberts und Erhebung Eanbalds ihren Grund. Für dieses Jahr 777 als Aufent=haltszeit Alcuins, und somit auch Paulinus' am Hofe Karls stimmen die Taten über die in dem Gedichte sonst genannten bekannten Personen völlig zwanglos.[2]) Noch ein anderes Zeugnis, das allerdings nur bedingt gilt, spricht für Paulinus' Aufenthalt am Hofe vor 780. Alcuin sagt[3]) nämlich, daß man in der Bibliothek, die er von Aelbert ererbte,[4]) auch finde quid canit..... Paulinus. Wenn damit Paulinus von Aquileia gemeint ist, so würde dies beweisen, daß schon vor dem 8. November 780, an welchem Aelbert starb,[5]) Paulinus am fränkischen Hofe Gedichte verfaßt hat, da Aelbert wohl nur durch seine Verbindungen mit dem fränkischen Hofe, etwa durch Alcuin selbst, in ihren Besitz kam.[6]) Es wäre aber auch möglich, an Paulinus von Nola zu denken.

Als Ergebnis dieser Betrachtung glaube ich aufstellen zu können, daß Paulinus 777 am Hofe Karls im Frankenreiche anwesend war.[7]) Er war daselbst als Lehrer thätig, wozu Karl ihn in sein Reich berufen haben wird.

---

[1]) Vgl. oben S. 10.

[2]) Siehe die Noten Dümmlers zu den einzelnen Personennamen und N. Arch. XVIII, 58 f. — Mit Jonas ist vielleicht der spätere Bischof von Orleans 818—843 (SS XV, 235, n. 5) gemeint. — Das Jahr 781 als Abfassungszeit des Gedichtes angenommen, käme man auch betreffs zweier genannten Personen etwas ins Gedränge, indem bereits am 25. Juli 782 nicht mehr der genannte Bassinus (v. 56), sondern Fraido als Bischof von Speier erscheint (Mühlbacher no. 245), der dies möglicherweise schon einige Zeit war, und ferner Samuel nur als Abt von Echternach genannt wird, der bald nach 780 (Sickel: „Acta Karol.“, 155, Anm.), nicht 776 (wie SS. XXIII, 31, n. 60, angenommen) Erzbischof von Sens wurde.

[3]) „Vers. de sanctis Eborac. eccl.“, v. 1551 f., Poet. Lat. I, 204.

[4]) Alc. epp. 114 und 121, Epp. IV, 167 und 177 [Jaffé, 72 und 78, VI, 331 und 346]; Poet. Lat. I, 203, n. 3.

[5]) „Vers. de sanct. Eborac. eccl.“, v. 1564 f., Poet. Lat. I, 204.‚

[6]) Den regen literarischen Verkehr zwischen dem Frankenreiche und England betont Sickel, a. a. O., Wiener Sitzungsberichte 79, 523.

[7]) Wattenbach: „Deutschlands Geschichtsquellen“ I⁸, 142 meint dagegen, daß Karl 781 Paulus Diaconus und Petrus von Pisa aus Italien mit sich nahm; demnach wäre Alcuins Gedicht und Paulinus' nachweislicher Aufenthalt auch in diese Zeit zu setzen, wogegen schon der Umstand spricht, daß Paulus Diaconus von Alcuin nicht genannt wird. Bei Abel-Simson I, 394, wird Paulinus und Petrus' Aufenthalt am fränkischen Hofe „anscheinend schon früher“ (vor 781) gesetzt. Hauck: „Kirchengeschichte Deutschlands“ II, 147, A. 5, läßt Paulinus schon vor 776 am Hofe Karls sein.

Angilbert war sein und Alcuins Schüler;[1]) Paulinus ist noch in späteren Jahren mit ihm in Verkehr gestanden.[2]) — Machen wir nun den Rückschluß auf die Schenkungsangelegenheit und die sie begleitenden Umstände, so stellt sich der Sachverhalt so dar: Karl lernte bei seinem Aufenthalt in Civi= dale, wahrscheinlich 776, Paulinus kennen und nahm den Gelehrten ins Frankenreich mit sich.[3]) Auf dem Wege stellte er ihm in Jvrea die öfter erwähnte Schenkungsurkunde aus, mittels welcher er ihn vielleicht für die aufgegebene Stellung als Lehrer der Grammatik in Civibale entschädigen wollte. Daß er das Gut zum Lohne für die Karl gehaltene Treue erhalten habe, wie Hauck[4]) behauptet, ist wohl möglich. Es läßt sich aber nicht sagen, ob er an den politischen Parteiungen der Jahre 774 und 776 theil= genommen hat. War dies der Fall, dann ist allerdings klar, daß er auf fränkischer Seite stand. Indem der Geistliche und Gelehrte sich von politischen Dingen ferne hielt, während Civibale im Aufstande gegen Karl war, konnte er aber auch als Neutraler als fränkisch gesinnt gelten. — Der Inhalt der Schenkung[5]) ist der Besitz und das Vermögen Walbands, des Sohnes Mimos von Labariano, die an den Fiscus kamen, nachdem Walband beim Aufstande Hrodgaubs, an dem er sich betheiligt hatte, gefallen war. Paulinus wird, wie erwähnt,[6]) in der Urkunde valde venerabilis artis grammaticae magister genannt. Ausgestellt ist dieselbe 15 Kal. Julii anno VIII. regni nostri (17. Juni 776) in Eboreia (Jvrea).[7]) Muratori[8]) setzt hier irrigerweise Zählung nach der italienischen Epoche Karls voraus, und verlegt daher diese Urkunde und die Bekanntschaft Karls mit Paulinus in das Jahr 781.[9]) Daß die Schenkung nicht auf Paulus Diaconus bezogen werden darf, wie de Rubeis thut,[10]) bemerkt Büdinger[11]) mit dem Hinweise darauf, daß jener damals durch die Betheiligung seines Bruders am Aufstande Hrod=

---

[1]) Alc. ep. 95, Epp. IV, 140 [Jaffé, 52, VI, 280] an Paulinus: (Angilbert) „Filius communis noster".

[2]) Siehe unten cap. VI, § 2.

[3]) Dieser Ansicht ist auch Baehr: „De litterarum studiis a Carolo Magno revocatis ac schola palatina instaurata" (Heidelberg, 1856), p. 6.

[4]) A. a. O. II, 147.

[5]) Urkunde bei Madrisius p. 258, no. II.

[6]) Siehe oben S. 7.

[7]) Nach der von Sickel benützten Handschrift, „Acta Karol." II, 247, K. 58. Madrisius hat reg. X, was Mühlbacher, no. 198, als mit dem Itinerar unvereinbar und aus der Addition der fränkischen und italienischen Regierungsjahre entstanden erklärt. Madrisius hat auch fälschlich Poreia für Eboreia.

[8]) Annali d'Italia IV, 379 ff.

[9]) Acta Sanctorum, Januar, p. 714, setzen aus unbekannten Gründen die Schenkung 773, was ganz unmöglich ist.

[10]) „Monumenta ecclesiae Aquil." col 357 f.

[11]) „Österr. Geschichte" I, 142, A. 1.

gaubs compromittiert war und erst 782 für denselben Verzeihung erlangte. Wenn de Rubeis[1]) für seine Ansicht die Urkunde Karlmanns für Patriarch Walpert vom 8. März 879[2]) citiert, in welcher Güter genannt werden, die durch Paulus Diaconus an die Kirche von Aquileja kamen, so liegt ja darin doch kein Beweis, da dieser Mann aus vornehmer Familie wohl sonstwie Güter besessen haben kann, die er jener Kirche zuwendete.

Seit 776 haben wir Paulinus im Frankenreiche zu denken, als Lehrer wirkend gleich Alcuin. Wie lange er dort blieb, ob vielleicht bis zur Erhebung zum Patriarchen (787),[3]) ist völlig unsicher. In diese Zeit fällt Paulinus' Anschluss an mehrere Männer, deren Freundschaft er fürs Leben gewann, und vor allem der großartige Eindruck, den ihm die in Karl verkörperte fränkische Monarchie machen mußte. Hier wird sich ihm die Überzeugung aufgedrängt haben, daß Karl der „Herr der irdischen Welt"[4]) sei. So erkor ihn Karl als Bischof seines Reiches.

§ 3. Paulinus' Erhebung zum Patriarchen von Aquileia.

Über dieses Factum sind keine zuverlässigen Quellennachrichten erhalten. Die von Nicoletti zusammengestellte „Vita Paulini"[5]) verwertet wohl ältere Nachrichten, ist aber in ihrer Durchsetzung mit Anekdoten, und wegen ihrer späten Entstehung doch nur als Bestätigung für Dinge zu brauchen, die auch durch andere Umstände wahrscheinlich erscheinen;[6]) sie ist durchaus nicht etwa als eine abgeleitete Quelle zu betrachten. In dieser Vita wird die Erhebung Paulinus' zum Patriarchen durch Wahl seitens des Clerus und Volkes erzählt; diese Wahl sei dann von Karl bestätigt worden, der Paulinus in Cividale kennen gelernt hätte, wo dieser ihn mit einer glänzenden Ansprache begrüßte.[7]) Dies ist sehr unwahrscheinlich, da die Urkunde, mit welcher Karl Aquileia die von Paulinus erbetene freie Patriarchenwahl verleiht, durchaus kein derartiges Präcedens erwähnt.[8]) Auch Karls sonstiges Vorgehen bezüglich erledigter Bischofssitze spricht gegen die Wahl.[9])

---

[1]) A. a. O. col. 359.
[2]) Bei de Rubeis col. 444; Böhmer: „Regesta Imperii" 1, no. 870.
[3]) Siehe den folgenden Paragraphen.
[4]) Paulini: „Libellus sacrosyllabus", bei Madrisius p. 1, C. . . . (Caroli regis), „domini terrae" . . .
[5]) Verfaßt um 1578 bei Madrisius p. LXVII ff.; vgl. oben S. 8.
[6]) Z. B. betreffs Paulinus' Abkunft; vgl. oben S. 8.
[7]) A. a. O. p. LVII, col. 2 B.
[8]) Urkunde vom 4. August 792 für Paulinus, bei Madrisius 258, no. 3.
[9]) Siehe oben S. 6.

Eine ganz andere Überlieferung finden wir bei dem Monachus Sangallensis.[1]) Nach ihm traf Karl, als er nach Civibale kam, den Patriarchen Sigwald auf dem Todtenbette und fragte ihn, wen er als seinen Nachfolger nennen wolle. Sigwald aber lehnte mit einer demüthigen Motivierung es ab, seinen Nachfolger zu bestimmen. Sigwald starb aber nicht sogleich, und der Mönch berichtet über die Angelegenheit nichts weiter.[2]) Ob sich dies nun wirklich zugetragen hat oder nicht, jedenfalls bestärkt uns die Erzählung in der Annahme, dass Karl den Patriarchen ernannte. Wann erfolgte nun die Erhebung? Der Mönch von St. Gallen läßt Karl nach der Besiegung des Königs Desiderius „ad ulteriora progressus" nach Civibale kommen und hier Sigwald todtkrank finden. Daß zwischen die erste und zweite Begebenheit die Rückkehr Karls nach Francien und der Aufstand Hrodgauds fällt, übergeht der Mönch. Er hatte wohl von Karls Einnahme von Pavia, von seinem Aufenthalte in Civibale und die Erzäh= lung von Sigwald gehört. Dies passte alles sehr gut zusammen, und so entstand seine Erzählung, welche die Ereignisse aneinanderrückt. Indem man nun Karls Aufenthalt in Civibale 776 bezeugt fand[3]) und annahm, dass Sig= wald bald nach Karls Besuch gestorben sei, kam man auf das Jahr 776 als das der Erhebung Paulinus' zum Patriarchen von Aquileia.[4]) Erst Jaffé[5]) hat aus dem überlieferten Todesjahre des Patriarchen, 802,[6]) und der Angabe, daß er 15 Jahre den Sitz desselben innegehabt habe,[7]) 787 als Jahr der Erhebung berechnet. Zweimal findet sich diese Angabe aus dem 14. Jahrhundert überliefert, einmal in den „Vitae Patriarcharum Aquilegiensium"[8]), wo Paulinus 15 Jahre Wirksamkeit als Patriarch zugetheilt erscheinen, und ein zweitesmal in einer „Series Patriarcharum Aquilegiensium",[9]) wo 16 Jahre verzeichnet sind. Dieser, wenn auch späten, so doch bestimmten Überlieferung gebürt vor anderen der Vorzug. Gestützt

---

[1]) L. II, cap. XVII, Jaffé IV, 693 f.

[2]) Über die auf Sigwald bezügliche Inschrift in Udine vgl. oben S. 5.

[3]) Ann. Lauriss. 776, SS. I, 154.

[4]) de Rubeis: „Monum. eccl. Aquil." col. 355; Madrisius p. XXII; Liruti: „Not. d. cose d. Friuli" III, 85 und 87, läßt Paulinus Karl nach Ivrea begleiten und auf die Nachricht vom Tode Sigwalds 776 zurückkehren; Manzano: „Annali del Friuli", I, 229; Potthast: „Bibliotheca historica medii aevi", Supplem. S. 269; Muratori: „Annali d'Italia" IV, 379 ff., setzt, da er die Urkunde für den Grammatiker Paulinus irrigerweise 781 ansetzt, die Erhebung Paulinus' etwas nach 781; Ughelli: „Italia sacra" V, 35 setzt die Schenkungsurkunde fälschlich 773, die Erhebung zum Patriarchen 774 an.

[5]) Bibliotheca VI, 162, n. 4.

[6]) Ann. Lauriss. min. SS. I. 120.

[7]) Bei de Rubeis, Append. p. 8.

[8]) Bei Muratori: SS. XVI, 9; verfaßt Ende des 14. Jahrhunderts, Muratori, ebenda in der praefatio p. 3 f.

[9]) Ex codice capituli Foroiul. s. XIV, Mon. Germ. SS. XIII, 368.

auf die beiden oben genannten Angaben über Paulinus' Amtsjahre als Patriarch und auf den Nachweis, daß er noch 777 am fränkischen Hofe als Lehrer der Grammatik wirkte,[1]) setzen wir Paulinus' Erhebung zum Patriarchen von Aquileia in das Jahr 787.[2]) Es erübrigt noch festzustellen ob Paulinus als Patriarch von Aquileia der erste oder zweite dieses Namens war. Der im 6. Jahrhunderte lebende Patriarch von Aquileia, Paulinus, welcher im Schisma des Dreicapitelstreites beharrte,[3]) wird nämlich von Paulus Diaconus[4]) und dem Chronicon patriarcharum Gradensium[5]) Paulus genannt, so daß der Zeitgenosse Karls des Großen Paulinus I. wäre. Jener Patriarch des 6. Jahrhunderts wird aber von seinem Zeit=genossen Papst Pelagius I. in einem Briefe[6]) Paulinus genannt, welches Zeugnis ausschlaggebend ist. Ob nun beide Namen nebeneinander gebraucht wurden oder nicht, jedenfalls kam ihm der Name Paulinus zu. Deßhalb ist der Zeitgenosse Karls als Patriarch von Aquileia als Paulinus II. zu bezeichnen.[7]) Er nahm seinen Sitz wie seine Vorgänger in Cividale.[8]) Daß er das Pallium erhielt, ist nicht überliefert, aber als der Gepflogenheit entsprechend anzunehmen.

---

[1]) Oben S. 8 ff.

[2]) Dies thun mit Rücksicht auf die Angabe der 15 Jahre, Jaffé folgend, alle neueren Autoren. Zu Abel-Simson I, 252, A. 3, sei nur bemerkt, daß die Identität des Gram-matikers Paulinus und des Patriarchen Paulinus durch die Häufigkeit ihrer Annahme nicht wahrscheinlicher wird, wohl aber dadurch gewiß, daß sowohl der Grammatiker wie der Patriarch Paulinus als Alcuins vertrauter Freund erscheint. („Alc. ad amicos" v. 47 f., Poet. Lat. I, 222, und die Briefe Alcuins an den Patriarchen.)

[3]) Vgl. unten S. 16.

[4]) „Hist. Lang." II, 25, SS. rer. Langob. 86.

[5]) SS. rer. Langob. cap. 1, 393.

[6]) Papstbriefe der Britischen Sammlung, Neues Archiv V, 553 no. 46; Liruti: „Not. de' Letterati del Friuli" 203, irrt daher, wenn er behauptet, daß ihm nur der Name Paulus zukäme, unser Patriarch daher Paulinus I. sei.

[7]) Mabrisius p. IX col. 2 ff. kommt mit unzureichenden Gründen und mangelhafter Kritik an Paulus Diaconus und Dandolo zu demselben Resultate. — Auch unser Paulinus wird einmal Paulus genannt. Chron. Moiss. cod. Anian., SS. I, 301.

[8]) „Et rediens in Civitate Austriae . . .", „Vitae patriarch. Aquil." bei Muratori SS. XVI, 10.

II. Capitel.

Stellung des Patriarchates von Aquileia zum Patriarchate von Grado.

§ 1. Ausbildung und Wesen des Gegensatzes.

Man wird behaupten können, daß sich durch die Einordnung des Langobardenreiches in die fränkische Monarchie keiner der Factoren wesentlich änderte, welche die politische Haltung des Patriarchates von Aquileia bedingten. Ursprünglich bestand ein Gegensatz zwischen diesem und den langobardischen Königen, da diese Arianer waren, ein Umstand, der auch zur Verlegung des Aquileiensischen Patriarchensitzes von Cormons nach der byzantinischer Hoheit unterstehenden Insel Grado führte. Da entstand aber aus der Katholisierung des Langobardenreiches und aus den Consequenzen des Schismas wegen des Dreicapitelstreites eine Veränderung des Verhältnisses. Der Patriarch Paulinus von Aquileia hatte 555 das Concil von Constantinopel, welches die Beschlüsse des Concils von Chalcedon verwarf, indem es die sogenannten drei Capitel verdammte, nicht anerkannt,[1] während der Papst demselben seine Zustimmung hatte geben müssen. Dieser schismatische Zustand dauerte bis zum Jahre 607. Der Patriarch war in Gegensatz zu Byzanz und dem Papste gekommen, zwei Momente, die er nun mit der langobardischen Politik gemein hatte. In dieser Zeit hatte auch die Katholisierung der Langobarden bereits platzgegriffen. So näherten sich König und Patriarch. Als nun in dem genannten Jahre der in Grado gewählte Patriarch Candibianus sich der Synode von Constantinopel und somit auch dem Papste wieder anschloß, wurde im langobardischen Interesse ein schismatischer Gegen-Patriarch, Johannes von Aquileia, gewählt,[2] der nun auf dem langobardischen Festlande in Cormons seinen Sitz nahm.[3] Fast ein Jahrhundert blieb dieser Zustand bestehen, bis 698 Patriarch Petrus von Aquileia das Schisma abschwor.[4] So bestanden zwei orthodoxe Patri-

---

[1] de Rubeis, col. 197 f.; vgl. über das Folgende auch Hefele: „Conciliengeschichte" III², 915 ff.

[2] de Rubeis, col. 289.

[3] Unter Calixtus wurde der Sitz des Patriarchen von Cormons nach der Hauptstadt Civitale verlegt. „Vitae patriarch. Aquil.", Muratori SS. XVI, 9; de Rubeis, col. 320, setzt dies ungefähr auf 737. Daher heißt es im „Catalogus provinciarum Italiae" (Appendix zu Paulus diaconus: „Hist. Lang.", SS. rer. Langob. I, 87): „Sed inter omnes Aquileia civitas extitit caput pro qua modo nunc Foroiuli ita dictum est . . . ." und „Foroiulium municipium metropolis Aquileiensis," Acten der Synode von 796.

[4] de Rubeis, col. 310.

archate und sollten nach Beschluß Gregors II.[1]) und Gregors III.[2]) auch weiterhin bestehen: Aquileia mit dem Metropolitan-Sprengel des langobardischen Festlandes, Grado mit dem des byzantinischen Küsten- und Insel-gebietes. Dies war die Quelle jahrhundertelanger Gebietsstreitigkeiten beider Metropoliten. An die Rivalität gegen Grado knüpfte sich für Aquileia der Gegensatz gegen Byzanz und Venedig, dessen Dogen unter des Kaisers Hoheit standen und Einfluß auf Grado nahmen, ein Gegensatz, der eines der wichtigsten langobardischen Interessen war. Hiedurch ist die Kirche von Aquileia für das langobardische Reich von größerer Bedeutung als Mailand, für welches die Zeit des Schismas nicht eine Zersprengung des Metropolitan-Verbandes zur Folge gehabt hat und kein Verhältnis zu einer außerlango-bardischen Macht geschaffen hat. Der tiefbegründete Gegensatz gegen Grado kam kurz vor dem Falle des Langobardenreiches wieder zum Ausbrucke in dem Abfalle der istrischen Bischöfe von Grado zu Aquileia.[3]) Bald sollten sie auch den weltlichen Herrn wechseln.[4]) Auf kirchlichem Gebiete vollzog sich dasselbe wie auf weltlichem: Die Machtabgabe Grados an Aquileia gieng parallel mit der des byzantinischen an das fränkische Reich. Als Aquileia in dieses eintrat, war es mit dessen Interessen ebenso verknüpft, wie mit denen von Desiderius' Reich, umsomehr als der neue Herrscher nicht im Gegensatze zum Papste stand.

---

§ 2. Istrische Verhältnisse.

Hier stehen die politischen Dinge im engsten Zusammenhange mit den kirchlichen und fordern deren Erörterung. Istrien war politisch Byzanz, kirchlich dem römischen Stuhle untergeordnet; seine Bischöfe unterstanden dem Patriarchen von Grado als ihrem Metropoliten,[5]) der seinerseits in gleichen Unterordnungsverhältnissen stand, sowie von den Byzanz unter-stehenden Dogen Venedigs abhieng. Es lag nahe, daß die occidentalischen Kirchen nach einem Metropoliten-Verbande strebten, der vom orientalischen Reiche unabhängig war, und nach der Katholisierung des Langobarden-reiches und der völligen Beilegung des Schismas wegen der drei Capitel war für Istrien der Anschluß an die ehemalige festländische Metropole

---

[1]) „Chronicon Patriarcharum Gradensium" cc. 9, 10, SS. rer. Langob. p. 395 f.

[2]) Synodal-Beschluß von 731, Jaffé-Ewald: „Regesta Pontificum Romanorum" no. 2234; „Chronicon Patr. Grad." c. 12, SS. r. Lang. 396.

[3]) Schreiben Stephans III. an die istrischen Bischöfe und an Patriarch Johannes von Grado bei Ughelli V², 1093 f. und 1090 f. ohne Datum, also zwischen 768—772.

[4]) Siehe den folgenden Paragraphen.

[5]) Entscheidungen Gregors II. und Gregors III. (731).

Aquileia ermöglicht. So kam es gegen die Mitte des 8. Jahrhunderts zu den erwähnten Schwankungen und päpstlichen Regelungen dieser Angelegen= heit,[1]) bis um das Jahr 770 neuerdings die istrischen Bisthümer, vielleicht unter dem Drucke Königs Desiderius,[2]) von Grabo zu Aquileia abfielen. Wir wissen dies aus einem Briefe Papst Stephans III. (768—772) an Patriarch Johannes von Grabo, der sich bei ihm über den Abfall Istriens beklagt hatte,[3]) in welchem er Johannes seines Metropolitanrechtes über Istrien und Venetien versichert,[4]) und aus einem zweiten Briefe Stephans an die Bischöfe Istriens, in welchem er ihnen, die alle „canonica traditione a priscis temporibus sub iurisdictione ac consecratione S. Gradensis ecclesiae archiepiscopatus" stehen und nun Abfall von Grabo wagen, Unterwerfung unter dieses befiehlt.[5]) Die Bischöfe Istriens beharrten aber in ihrer Abwendung von Grabo. Dandolo[6]) berichtet: „Episcopi quoque Istriae receptis Papalibus admonitionibus seculari contagione polluti resipiscere noluerunt."

Zur Zeit der Eroberung des Langobardenreiches sind also die Istrischen Bischöfe nicht Suffragane Grabos gewesen, als welche sie erst wieder 803 erscheinen.[7]) Sie waren demnach in der Zwischenzeit dem Patriarchen von Aquileia, vorerst Sigwald, dann Paulinus als ihrem Metropoliten unter= geordnet.[8]) Dafür kann man aber nicht als Beweis anführen, daß Paulinus auf der Frankfurter Synode (794) als Haupt der Istrischen Bischöfe erscheine. Denn dies beruht auf der sehr unsicheren Behauptung de

---

[1]) Vgl. oben S. 17.

[2]) A. Dandolo: Chronicon VII, 12, 8, Muratori, SS. rer. Ital. XII, 144.

[3]) Ughelli V², 1091 ff.

[4]) Ughelli V², 1090 ff. (Jaffé-Ewald no. 2391).

[5]) Ughelli V², 1093 f. (Jaffé=Ewald no. 2390); Waitz' (D. Vg. III¹, 532, Nach= trag zu S. 82, N. 4). Zweifel an der Echtheit der Briefe beseitigt Weiland in seiner Be= sprechung von W. Martens: „Die römische Frage unter Pippin und Karl d. Gr.", Zeit= schrift für Kirchenrecht XVII (Neue Folge II), 386 f.

[6]) Dandolo: Chron. VII, 12, 10, Muratori, SS. XII, 144; die anachronistische Citierung Gregors von Tours als Zeugen für das Metropolitanrecht Grabos über Istrien zur Zeit Karls d. Gr. durch Dandolo (Ann., pars XV lib. VIII, c. 1, Murat. XII, col. 163 E) ist nach Simonsfeld: „Andreas Dandolo und seine Geschichtswerke" S. 30 Zusatz von fremder Hand.

[7]) Urkunde Karls d. Gr. für Fortunatus von 803, Ughelli V², 1095.

[8]) Papst Stephan sagt in dem Schreiben an die Istrischen Bischöfe (siehe oben S. 33 N. 5), daß sie es gewagt hätten, sich gegenseitig zu consecriren. Aber wenn selbst hieraus auf Unabhängigkeit der Istrischen Kirche geschlossen werden könnte, so ist doch jedenfalls unter Karls Regiment (seit 788) Unabhängigkeit von jedem Metropolitan=Verbande aus= geschlossen, wogegen auch der große Eifer der Istrischen Bischöfe für die Zugehörigkeit zu Aquileia auf der Synode zu Mantua 827 (Mansi XIV, 496) spricht, und die überaus bedeutende Stellung des Patriarchen in Istrien; darüber vgl. S. 22.

Rubeis',[1]) bafs Hefperia identifch fei mit Iftria, was auf die Stelle bei Paulinus[2]) bezogen, wonach er mit feinen bifchöflichen Collegen von Ligurien, Auftrien, Hefperien und Aemilien auf der Synode anwefend war, Gfrörer[3]) veranlafst hat, die Anwefenheit der Iftrifchen Bifchöfe unter Paulinus in Frankfurt zu behaupten, worin ihm O. Harnack[4]) gefolgt ift. Angenommen, dafs Hefperia identifch fei mit Iftria, fo würde daraus noch nicht ficher folgen, dafs Paulinus dort Metropolitanrechte ausübte, da er ja auch andere Provinzen nennt, die ihm ficher nicht unterftanden. Es läfst fich aber überhaupt gar nicht beweifen, dafs mit Hefperia Iftrien gemeint fei. Dies Wort, eine „claffifche Reminifcenz",[5]) bedeutet allgemein Italien.[6]) Da es in obigem Zufammenhange als Provinzbezeich-nung gebraucht ift, fo möchte ich es auf jene Provinz beziehen, die mit Rückficht auf die langobardifche Hauptftadt Ticinum, als Refidenz des Königs von Italien, Pippin,[7]) am eheften fo genannt werden konnte, nämlich Neuftrien.[8]) Für die Annahme, dafs Paulinus Hefperia überhaupt nicht gefchrieben habe, liegt kein Grund vor.[9])

---

[1]) Monum. eccl. Aquil. col. 365.

[2]) „Libellus sacrosyllabus" § 1, Madrifius p. 1.

[3]) Gfrörer: „Byzantinifche Gefchichten" I, 92. Auf die Ausführungen diefes Autors über die hier behandelten Dinge will ich im einzelnen nicht eingehen. Dies ift befonders von Harnack (Siehe unten N. 4) gefchehen. Gfrörers Vorzug ift feine glänzende Combinationsgabe, fo wie diefe, indem fie ihn oft zu weit führt, verbunden mit Flüchtigkeit, fein Fehler wird. Indes follte man meinen, dafs Fehler, wie der, dafs um 700 der „damalige Patriarch von Aquileja, Paulinus (!) II.," das Schisma abfchwor, (S. 26) ebenfo oder mehr noch den Herausgeber J. B. Weiß treffen, der fie zum Drucke beförderte.

[4]) O. Harnack: „Das karolingifche und das byzantinifche Reich in ihren wechfel-feitigen politifchen Beziehungen" (Göttingen 1880) S. 10, N. 2.

[5]) Mühlbacher: Mitthlgn. d. Inftituts f. öfterr. Gefchichtsforfchung I, 274 und N. 2.

[6]) So an allen aus dem Index erfichtlichen Stellen der SS. rer. Langob. Von Pippin heißt es in feinem Epitaph (Hibernici exsulis carm. XV, Poet. Lat. I, 405):

> v. 2: „Hesperiam rexit . . ."

> v. 4: „Nunc tenet Hesperia, Francia quem genuit . . ."

Paulinus felbft nennt fich (Lib. sacrosyll. § 1, Madrifius p. 1) „Aquileiensis sedis Hesperiis oris accinctae . . . . praesul." Er wollte mit der näheren Bezeichnung feines Sitzes denfelben wohl eher an die Küfte Italiens als Iftriens angliedern.

[7]) Später refidierte Pippin in Verona: „Magnus habitat in te rex Pippinus piissimus." Versus de Verona, Str. 32, Poet. Lat. I, 122.

[8]) Für den Gebrauch von „Italia" für Ober-Italien oder das eigentliche „Lango-bardica" findet man urkundliche Beweife bei Hegel II, 2, N. 2.

[9]) Es find dafür auch mehrere Conjecturen verfucht worden; das Fehlen der ganzen Provinzaufzählung in der Ausgabe von 1555 (Madrifius p. 1, Randnote 2) ift belanglos; vgl. über diefelbe unten cap. IV, § 1, A.

Als Beweis für die Zugehörigkeit Istriens zur Metropole Aquileia zu Paulinus' Zeit möchte ich dagegen außer jener Stelle Danbolos[1]) noch ein Factum heranziehen, das mir bisher nicht genügend erklärt scheint, und das seine Erklärung nur in jener Annahme findet. Ein Brief Papst Hadrians an König Karl, der in die Jahre 776—780 fällt,[2]) berichtet nämlich, daß ein istrischer Bischof, Mauricius, von Karl den Befehl erhalten habe, in seinem Gebiete die Patrimonial-Einkünfte für den Papst einzuheben, aber bei der Ausführung dieses Auftrages verdächtigt, daß er das Land Istrien Karl ausliefern wolle, geblendet worden sei. Es entsteht die Frage, wie Karl, der also nicht Herr Istriens war,[3]) dem Bischofe Mauricius einen Auftrag ertheilen konnte. Abel-Simson[4]) weiß hiefür keine Erklärung und hält die Stellung Istriens für unklar. Strauß[5]) meint, daß Karl mit diesem Auftrage seinen „Einfluß auf Istrien vorbereiten" wollte; Harnack[6]) sieht in demselben einen „politisch unberechtigten Eingriff in die inneren Verhältnisse einer griechischen Provinz", zu dem Karl als „defensor" der römischen Kirche sich für berechtigt hielt. Es läßt sich, denke ich, eine bessere Erklärung finden. Diese scheint mir nur darin liegen zu können, daß Karl als König des Metro-politen, dem der istrische Bischof unterstand, eben in dieser Beziehung der Oberherr des istrischen Bischofes war, da er Befehls- und Gesetzgebung auch in kirchlichen Dingen übte. Karl behandelt die Bischöfe Istriens wie die seines Reiches, weil sie einer Metropole seines Reiches (Aquileia) unterstehen, sowie er umgekehrt Grado, das politisch zu Byzanz gehörte, 811 in seinem Testamente[7]) unter die Metropolen seines Reiches zählt, weil diesem damals die Bischöfe Istriens, das zu jener Zeit politisch zu seinem Reiche gehörte, in kirchlicher Beziehung unterstanden. Das war also ein ganz bestimmtes Rechtsverhältnis, wie es sich nur durch den Anschluß der istrischen Bischöfe an die langobardisch-fränkische Metropole, Aquileia, ergeben haben kann. Freilich repräsentierte es einen Zustand, der unhaltbar war, und sich daher auch bald änderte. Den äußeren Anstoß hiezu gab der Avaren-Einfall im Jahre 788, nach welchem das gegen denselben schutzlose Land (von byzan-tinischen Truppen ist in den folgenden Jahren der Avarenkriege nie die Rede) von den Franken in Besitz genommen wurde, wahrscheinlich allmählig und ohne Widerstand, da ja die Bischöfe in den Städten, wie Mauricius'

---

[1]) Oben S. 18.
[2]) Epp. III, 590, no. 63 [Jaffé IV, 207, no. 65].
[3]) Gegen Gfrörer, der diese Stelle nicht richtig deutet (S. 91), sich übrigens aber (S. 92) über dies Verhältnis ganz correct ausdrückt, siehe Strauß: „Beziehungen Karls d. Gr. zum griechischen Reich" S. 11.
[4]) I S. 322.
[5]) Strauß: a. a. O. S. 12.
[6]) Harnack: a. a. O. S. 12, N. 2.
[7]) Einhardi vita Karoli c. 33, Jaffé IV, 539.

Beispiel zeigt, von Karl abhängig, der fränkischen Partei angehörten, und angesichts der Avarengefahr und der fränkischen Truppen die byzantinische Partei sich wohl fügen mußte. Die Einverleibung Istriens in das fränkische Reich, deren Thatsache Einhard[1]) berichtet, muß im Anschlusse an den Feldzug von 788 geschehen sein, da bereits an der nächsten Expedition gegen die Avaren, 791, der Herzog von Istrien als Vasall Karls theilnimmt. Dies geht aus einem Briefe Karls an seine Gemahlin Fastrada vom Jahre 791[2]) hervor, in welchem er sie von dem Siege über die Avaren benachrichtigt. Diejenigen, welche ihn erfochten, werden als fideles .. nostri und vassi .. nostri, also als Reichsangehörige bezeichnet, unter ihnen (die Namen sind durch ille ersetzt) ein dux de Histria und mehrere comites. Dieser dux Histriae dürfte Johannes sein, welcher in gleicher Eigenschaft in einem placitum von 804 oder 805 genannt wird[3]) und von Karl eingesetzt worden ist, während unter byzantinischer Herrschaft das Land von magistri militum verwaltet wurde.[4]) So wurde Istrien, wie es schon vorher in kirchlicher Beziehung eine Provinz des Frankenreiches gewesen war, — nicht zum mindesten eben dadurch — dies nun auch in politischer Hinsicht.[5]) Es muß damals Istrien einschließlich der Seestädte fränkisch geworden sein.[6]) Denn das oben genannte placitum wird von fränkischen missi dominici

---

[1]) Vita Karoli c. 15, Jaffé IV, 522.

[2]) Epp. III, 528 f., no. 20 [Jaffé IV, 349 ff., no. 6].

[3]) Bei Carli: „Delle antichità Italiche", appendici alla parte IV, 5 ff. Über den verschiedenen Zeitansatz desselben vgl. Abel-Simson II, 338, N. 3, wo es 800—810 angesetzt wird. Ich möchte diese Zeitgrenzen bedeutend einschränken. Fortunatus ist als Patriarch erst seit 803 nachweislich; andererseits erhielt derselbe, aus Grado flüchtig, von Karl im Einverständnisse mit dem Papste Pola von 806—810 als Sitz angewiesen (siehe unten S. 48). Nun erscheint aber im placitum (a. a. O. p. 6) ein eigener Bischof von Pola, der als Ankläger auftritt, während Fortunatus' Rechtfertigung nicht darnach aussieht, als ob er damals in Istrien seinen Sitz gehabt hätte; also fällt das placitum zwischen 803—806, entweder 804 oder 805.

[4]) Placitum, a. a. O., p. 7 und 9.

[5]) Daß die Einverleibung Istriens in das fränkische Reich im Anschlusse an 788 geschah und der erwähnte dux Histriae Johannes sei, wird fast allgemein angenommen. Vgl. die Literatur-Angaben bei Abel-Simson I, 642, N. 2, und II, 337, N. 2. Dazu Mühlbacher: „Deutsche Geschichte unter den Karolingern" S. 186, und Reg. no. 306. Dagegen, vielleicht im Anschlusse an Madrisius: dissert. I, p. 200, col. 1, macht Malfatti: „Imperatori e papi ai tempi della signoria dei Franchi in Italia" II, 458 f. die für diese Zeit unbewiesene Behauptung, daß Istrien und Friaul wechselnd gebraucht werde, und sieht daher in dem dux Histriae Herzog Erich von Friaul, woran er die seltsame Begründung fügt, daß die Zugehörigkeit Istriens zum Reiche nicht erwiesen sei. Diese ergibt sich eben aus einer ungezwungenen Interpretation der Quelle, während man zu der Auslegung Malfattis höchstens dann berechtigt wäre, wenn feststünde, daß Istrien damals nicht zum fränkischen Reiche gehörte, was durchaus nicht der Fall ist.

[6]) Das Gegentheil behauptet Gfrörer: „Byzant. Geschichte" I. 89.

abgehalten, und zwar in Rifano bei Capo b'Istria;[1]) ferner wohnten demselben fünf istrische Bischöfe an,[2]) deren Sitze ja fast ausschließlich die Seestädte waren, darunter der von Pola,[3]) der Hauptstadt Istriens.[4]) Daraus
geht mit Sicherheit hervor, daß Karl der Herr ganz Istriens[5]) wurde.[6])
Er setzte, wie erwähnt, einen dux ein, d. h. wohl einen Grafen, der jenen
landesüblichen Titel führte, namens Johannes. Aber es scheint, daß er
Besonderheiten der Verfassung, wie sie sich in Istrien schon unter byzantinischer Herrschaft ausgebildet hatten, bestehen ließ, so die freie Wahl der
geistlichen Obrigkeiten und der dem dux unterstehenden weltlichen Beamten,
da die Beschwerde der Istrier über die widerrechtliche Entziehung dieser
Privilegien durch Johannes von den missi dominici zu ihren Gunsten entschieden wird, und Ludwig diese Privilegien mit Berufung auf das placitum
unter Karl bestätigt.[7]) Für die Vermuthung Waitz',[8]) es habe in Istrien
Bischofs- und Grafengewalt in einer Hand gelegen, spricht der Umstand,
daß der Patriarch, wenn er in eine bischöfliche Stadt Istriens kam, daselbst
drei Tage zu Gericht saß.[9]) Nach Johannes scheint Karl keinen dux mehr in
Istrien eingesetzt zu haben,[10]) sondern das Land wurde der inzwischen errichteten
Mark Friaul einverleibt,[11]) also politisch noch enger dem Frankenreiche
angegliedert.

Umso auffälliger ist, daß die istrischen Bisthümer zu dieser Zeit nicht
unter der friaulischen Metropole Aquileia, sondern seit 803 wieder unter
Grado stehen. Obwohl diese Dinge der Zeit nach bereits nach Paulinus'

---

[1]) Carli, a. a. O. p. 5.

[2]) Ebenda p. 5.

[3]) „Primus omnium primas Polensis . . . dixit", ebenda p. 6.

[4]) Pola wird auch auf der Mantuaner Synode 827 als Hauptstadt Istriens bezeichnet.
Carli, a. a. O. IV, 282.

[5]) Damit ist nicht die ganze Halbinsel gemeint, an welcher südöstlich von der Arsa
auch Liburnien Antheil hatte. Vgl. hierüber Gfrörer: „Byzant. Geschichte" I, 89 f. und
Forbiger: „Handbuch der alten Geographie" III², 417.

[6]) Daß die Küstenstädte Istriens mit diesem auch nach dem Vertrage mit Byzanz
vom Jahre 812 beim fränkischen Reiche blieben, wie Chabert in den Denkschr. d. Wr. Akad.
d. Wissensch. ph.-hist. Cl. III (1852) S. 99, N. 8 und Harnack a. a. O. S. 39, N. 2 annehmen,
indem sie in der Stelle bei Einhard: V. Kar. c. 15, Jaffé IV, 522 die Worte: „exceptis
maritimis civitatibus" nur auf Liburnien und Dalmatien, nicht auf Istrien beziehen,
halte ich aus dem Grunde für ausgemacht, weil die istrischen Bischöfe, d. h. die Seestädte
827 ihre politische Zugehörigkeit zum Frankenreiche betonen (Mansi XIV, col. 493 ff.).

[7]) Mühlbacher no. 708.

[8]) Waitz: D. Vg. III², 430.

[9]) Protokoll des placitum a. a. O. p. 6; vgl. auch Hegel: Ital. Städteverfassung I, 236.

[10]) Chabert a. a. O. S. 101.

[11]) Dümmler: „Über die südöstlichen Marken des fränkischen Reiches", Archiv für
österreich. Geschichte X, 10.

Tod fallen und somit außerhalb der Grenzen dieser Abhandlung liegen, so müssen sie doch hier einer Betrachtung unterzogen werden, da sie ohne nähere Erklärung ein Gegen-Argument gegen die Zugehörigkeit Istriens zu Aquileia unter Paulinus zu sein scheinen, als welches sie auch von einer Seite[1]) betrachtet wurden. Karl bestätigt in einer Urkunde vom 13. August 803[2]) der Kirche von Grado auf Bitten des Patriarchen Fortunatus Bisthümer und Besitzungen in Istrien, Romagna und Langobardien, und verleiht für dieselben Immunität.[3]) Fortunatus, der in demselben Jahre vom Papste das Pallium erhielt,[4]) erscheint sohin als Metropolit der istrischen Bischöfe, was auch durch das oben[5]) besprochene Placitum, das bald darauf stattfand, sowie durch eine Zollbefreiung Karls für Fortunatus, den Patriarchen von Venedig und Istrien,[6]) und einen noch zu erwähnenden[7]) Brief Papst Leos III. erhärtet wird.[8]) Damals sind also die istrischen Bischöfe wieder in den Metropolitan-Verband von Grado getreten. Abel-Simson[9]) meint, dies sei schon unter dem Patriarchen Johannes geschehen, welcher Fortunatus' Vorgänger war, weil Ludwig und Lothar um 826 dem Patriarchen Venerius mittheilen, daß sie die Bestätigung der seinem Vorgänger Johannes von Karl verliehenen Urkunde anbefohlen hätten.[10]) Eine solche Urkunde haben wir nicht, und Mühlbacher[11]) bezieht die Bestätigung — allerdings, ohne sich darüber zu äußern — auf die Urkunde für Fortunatus (no. 392). Die Sache erklärt sich vielleicht so, daß Johannes bei Karl um eine Besitzbestätigung für Güter, die auch in Istrien gelegen haben mögen, aber ja keine Metropolitanrechte voraussetzen, nachgesucht hat, die Angelegenheit aber durch seine Ermordung unterbrochen wurde, bis sie dann in Verbindung mit der Metropolitan-Angelegenheit an Fortunatus erledigt wurde, so daß jenes Schreiben Ludwigs und Lothars, indem es die Fortunatus ausgestellte Urkunde meinte, doch sagen konnte, daß Karl

---

[1]) Abel-Simson II, 295 f., N. 4.
[2]) Ughelli V², 1095.
[3]) Mühlbacher no. 392.
[4]) Bulle Leos III. vom 21. März 803 bei Ughelli V², 1095.
[5]) S. 21 f.
[6]) Mühlbacher no. 393.
[7]) Unten S. 26 f.
[8]) Es ist wohl nur eine ungenaue Ausdrucksweise, wenn Dümmler: Über die südöstlichen Marken, Archiv für österr. Geschichte X, 22, sagt, daß der Patriarch von Aquileia, „zu dessen Sprengel Istrien gehörte", von dort aus Ansprüche auf das südliche Kärnten erhob und mit Arno in Conflict kam. Als Aquileia mit Salzburg in Conflict kam, was erst nach 803 geschah (siehe unten S. 99 ff.), gehörte Istrien zu Grado, und hatte zu Aquileia gehört.
[9]) Abel-Simson II, 295, A. 4.
[10]) Mühlbacher no. 812.
[11]) Ebenda.

die Urkunde „Johanne rogante conscribere iussit".[1]) Dabei kommt auch die Zeit der Ermordung des Patriarchen Johannes durch die Dogen von Venedig, Johannes und dessen Sohn Mauritius,[2]) in Betracht. Nach den chronologischen Angaben Dandolos[3]) endet mit der Vertreibung der beiden Dogen ihre Regieruug 803, so dass die Ermorduug des Patriarchen, welche zu derselben den Anlass gab, 803 oder 802 fällt. Das stimmt zu den Urkunden und der oben geäußerten Vermuthung betreffs derselben. Dagegen steht der Einwand Abel-Simsons,[4]) dass Fortunatus schon etwa 797 Patriarch geworden wäre, weil ihm in diesem Amte 27 Jahre zugeschrieben werden.[5]) und er bald nach 824 gestorben sei.[6]) Die Stellung seines Todesjahres zum Jahre 824 wird aber nur durch die Worte aliquamdiu und post modicum tempus bestimmt. Daraufhin kann man nicht gegen eine bestimmte Angabe ein Jahr fixieren, das von jener nur um vier oder fünf Jahre abweicht. Abel-Simson[7]) stützt sich allerdings noch auf einen Brief Alcuins an Arno[8]) vom 26. Juni 799,[9]) welcher von einem an einem Geistlichen verübten Frevel spricht, den er auf die Ermordung des Patriarchen Johannes deutet. Diese Auslegung ist aber, wie in anderem Zusammenhange ausführlich dargethan wird,[10]) irrig. Die angezogene Stelle bezieht sich vielmehr auf das an Papst Leo III. am 25. April 799 verübte Attentat.

Demnach bliebe gegen den Anschluss der istrischen Bisthümer an Grado im Jahre 803 kein Einwand. Wie kam es nun unter Fortunatus zu diesem? Wir sind auf Combination angewiesen, die durch wenige überlieferte Haltpunkte gestützt wird.

Fortunatus, ein Triestiner,[11]) wie sein Vorgänger Johannes,[12]) und vor seiner Wahl zum Patriarchen Presbyter,[13]) ein Mann, der selbst bei Karl

---

[1]) Schreiben Ludwigs und Lothars bei Ughelli V², 1103 f.

[2]) Johannis chronicon Venetum, Mou. Germ., SS. VII, 13.

[3]) Andr. Dandolo chron. VII, 12, 13, 15, Muratori. SS. XII, 143—153, und „Chronicon Venetum (vulgo Altinate)", M. G. SS. XIV, 60.

[4]) Abel-Simson II, 294, A. 5.

[5]) Chron. Ven. (v. Altin.), SS. XIV, 56.

[6]) Abel-Simson II, 294, Anm. 5, und Simson: „Jahrb. d. fränk. R. u. Ludwig d. Fr." I, 222, A. 5.

[7]) Abel-Simson II, 294, A. 2.

[8]) Alc. ep. 207, Epp. IV, 343 ff. [Jaffé 147, VI, 557 ff.]

[9]) Dümmler, der sich gleich Hauck und Simson in Bezug auf das Datum dieses Briefes Größler: „Die Ausrottung des Adoptianismus im Reiche Karls d. Gr." (Eislebener Gymn.-Progr. No. 193, [1879]) S. 53 und 59 gegen Jaffé angeschlossen hatte (Sitzungsber. der Berliner Akademie 1891, S. 517 f.), neigt nun wieder mehr dem Jahre 800 zu (Epp. IV, 344, N. 8).

[10]) Cap. 4, § 1, B.

[11]) Chron. Venet. (vulgo Altin.), SS. XIV, 17.

[12]) Ebenda p. 17.

[13]) Ebenda p. 56.

großen Einfluß gewann,[1] dürfte, nachdem 802 sowohl der Patriarchenstuhl von Grado wie von Aquileia erledigt wurden, die istrischen Bischöfe zum An-schlusse an Grado bewogen haben, wozu bei Fortunatus' damals entschieden fränkischer Gesinnung[2] auch die fränkische Partei bereit sein konnte, während der byzantinischen Partei, die durch die Bedrückungen des Herzogs Johannes, von denen das erwähnte placitum[3] spricht, jedenfalls zunahm, die Sache gewiß willkommen war. Zudem war ja die Zugehörigkeit Istriens zu Grado den päpstlichen Entscheidungen entsprechend,[4] welche nicht widerrufen worden waren. Man wird also den Grund, welcher die istrischen Bischöfe zum Wiederanschluß an Grado bestimmte, theils in dem Bestreben erblicken dürfen, durch Fortunatus' einflußreiche Persönlichkeit, zumal er selbst ein Istrianer war, die gefährdete Sonderstellung Istriens zu wahren, theils in Fortunatus' Ehrgeiz, der, diese Bestrebungen sich zu Nutzen machend, für diesen Anschluß agitiert haben wird. Er gieng noch im Jahre 803 nach Salz zu Karl. Daß die istrischen Verhältnisse hier zur Sprache kamen, beweist die Urkunde Karls, die daselbst für Fortunatus ausgestellt wurde, und sich mit denselben befaßt, sowie auch dessen Worte[5] bei dem placitum in Rizano von seinen Verhandlungen mit Karl zeugen. Es wird seinem Einflusse zuzu-schreiben sein, daß Karl sich nicht gegen den Anschluß an Grado aussprach, und will man Vermuthungen wagen, so läßt sich der Hergang etwa so denken, daß Fortunatus den Kaiser überzeugte, daß auch das Patriarchat von Grado durch die Zugehörigkeit des fränkischen Istrien dem fränkischen Inter-esse dienstbar gemacht würde, umsomehr, wenn der Patriarch statt in dem — wie die Ermordung Johannes gezeigt hatte — venetianischer Willkür aus-gesetzten Grado auf fränkischem Gebiete in Istrien seinen Sitz nähme. Karl stimmte dem zu, und als nach der Unterwerfung Venetiens und Dalmatiens eine griechische Flotte zur Wiedereroberung kam,[6] verließ 806 Fortunatus Grado, und Karl holte vom Papste die Genehmigung ein,[7] daß Fortu-

---

[1] Vgl. Abel-Simson II, 295, A. 3.

[2] Andr. Dandolo chron. VII, 15, 3, Murat., SS. XII, 153 f. Auch Johannes war dies gewesen; er hatte Hadrian von der Verschwörung Hrodgauds benachrichtigt, der dessen Brief an Karl schickte. Epp. III, 576 f., no. 54 [Jaffé IV, 182, no. 55]. Viel-leicht wollte er sich Karl günstig stimmen für eine eventuelle Lösung der Frage der Metropolitan-Zugehörigkeit Istriens. Vgl. Harnack: „Das karol. u. d. byzant. Reich . . ." S. 10, A. 3.

[3] Vgl. oben S. 21 f.

[4] Vgl. oben S. 17.

[5] „. . . et vos (die Istrier) scitis, quod multas dationes vel missos in servi-tium domini imperatoris propter vos direxi." Bei Carli: „Delle antichità Italiche", appendici alla parte IV, 6.

[6] Abel-Simson II, 357 ff.

[7] Karls Brief wird in der Antwort des Papstes erwähnt. Leonis ep. 5, Jaffé IV, 320 ff.

natus seinen Sitz in Pola, der Hauptstadt Istriens,[1]) nehme. Vielleicht lag hierin der Plan einer dauernden Verlegung des Metropolitansitzes von Grado nach Pola, von byzantinischem auf fränkisches Reichsgebiet; verwirklicht wurde er nicht, denn Fortunatus kehrte schon 810 nach Grado zurück. Dass bezüglich dieser Angelegenheiten in jener Zeit wichtige Entscheidungen getroffen oder vorbereitet wurden, geht schon daraus hervor, dass jene sowohl Gegenstand der persönlichen Besprechung Karls und des Papstes waren gelegentlich dessen Besuch in Aachen 804/805[2]) als auch der nachfolgenden Correspondenz.

Der Papst war aber nicht geneigt, jene Verlegung anders als ein Provisorium aufzufassen.[3]) Pola solle nicht mit Grado verbunden werden, sondern ein selbständiger Bischofsitz bleiben, wie auch Fortunatus nach ermöglichter Rückkehr nach Grado allen Pola gehörigen Besitz zurückzustellen habe. Karl habe in seinem Briefe die Sache ja auch so aufgefasst und möge glauben, dass die in Aachen getroffenen Vereinbarungen betreffs der Kirche von Aquileia wirklich für das fränkische Interesse erspriesslich seien.[4]) Man

---

[1]) Siehe oben S. 22.

[2]) „Quomodo in Aquis palatio nobiscum praevidistis de Aquileiense ecclesia." Brief Leos a. a. O.

[3]) Ebenda.

[4]) Es muss hier einiges über die Interpretation der diese Verhältnisse betreffenden Stelle des Briefes Leos gesagt werden: Der Papst spricht in demselben über Pola, um die Forderung aufzustellen, dass alles Pola Gehörige von Fortunatus nach seiner Rückkehr nach Grado wieder zurückgestellt werde, und fährt dann fort (Jaffé IV, 321): „Reservatur siquidem in ipsis imperialibus apicibus, quomodo in Aquis palatio nobiscum praevidistis de Aquileiense ecclesia, velut una, quae suam sedem haberet." Das heisst nach meiner Auffassung: Die Kirche von Pola (von welcher eben die Rede war) erscheine auch im Briefe Karls als eine erhalten, welche eigenen Sitz und Besitzthum haben solle, also nicht mit Grado vereinigt werden dürfe; dies entspräche auch der Vereinbarung über die Kirche von Aquileia (wegen der Stellung Istriens zu Aquileia und Grado), die in Aachen zwischen Papst und Kaiser stattgefunden habe. Zu reservatur ist also Pola, das kurz vorher erwähnt wird, als Subject zu beziehen, quomodo — ecclesia ist Zwischensatz. So fasst sprachlich auch de Rubeis col. 365 f. die Stelle auf. — Thut man dies nicht, sondern nimmt „velut una, quae suam sedem haberet", zu Aquileiensis ecclesia. wie Gfrörer: Byz. Gesch. I, 123, und Mühlbacher no. 401 f., so müsste der Papst, der mit den Worten „reservatur . . . velut una quae suam sedem haberet" sich gegen die Aufhebung einer Selbständigkeit erklärt, jene der Aquileiensis ecclesia, das heisst des Patriarchats von Forumiulium meinen, was kaum möglich ist, da Karl doch nicht der Plan zugemuthet werden kann, seine langobardische, dem Reiche gesicherte Metropole Aquileia zu Grado zu schlagen. Aber auch Grado kann der Papst hier mit Aquileiensis ecclesia nicht gemeint haben (was an sich nicht unmöglich wäre; vgl. unten S. 51), da er ja gerade die Einschränkung der Selbständigkeit Polas zu Gunsten Grados fürchtet, und ein Aufgehen Grados in dem Patriarchate von Forumiulium, dessen Metropolit dann Fortunatus vielleicht geworden wäre, doch die Folge gehabt hätte, dass ihm sein Sitz nicht in Pola, sondern in Langobardien angewiesen worden wäre.

fieht deutlich, dafs der Papft gegen einen Plan fich erklärt, den er in Karls Brief zwischen den Zeilen gelesen hat, indem er ihn zu überzeugen sucht, dafs das fränkische Interesse keine Abänderung der getroffenen Ver=einbarungen erheische, und ihn zugleich vor der unzuverläffigen Perfönlichkeit des Fortunatus, der hinter diesen Dingen steht, warnt.[1]) Es kam auch thatfächlich zu keinen weiteren Veränderungen.

Mit Fortunatus' Rückkehr nach Grado war nun aber wieder derfelbe Zuftand gegeben, wie er um 770 geherrscht hatte: Iftrien politisch dem Frankenreiche, kirchlich einer Byzanz unterstehenden Metropole angehörig. Er war jetzt ebensowenig haltbar, wie damals. Auf der Mantuaner Synode 827 erklärten die Bischöfe Iftriens, nicht zweien Herren dienen zu können, und wurden wieder Aquileia untergeordnet.[2]) Besondere Erbitterung rief dies in Venedig hervor, wie man aus einem Gedichte erfieht, das sich „Carmen de Aquilegia nunquam restauranda" betitelt und ein Gegengedicht zu den „Versus de destructione Aquilegiae nunquam restaurandae"[3]) ift, deren alphabetische Strophen-Anordnung es nachahmt.[4]) Der Verfasser ift wohl ein Venetianer,[5]) der die Kirche von Grado vertheidigt. Diese sowohl wie die von Aquileia-Cividale betrachten sich als das alte, ursprüngliche Patriarchat von Aquileia. Die Schutzpatrone Aquileias sind auch die von Grado und gelten beiderseits als die Begründer des Bisthums.[6]) Der Protokollführer auf dem placitum in Rifano sagt: „Petrus peccator diaconus s. Aquileiensis metropolitanae ecclesiae hanc repromissionem ex iussione domini mei Fortunati, sanctissimi patriarchae . . . . . scripsi",[7]) und die Dogen Agnello und Giuftiniano nennen Fortunatus in einer Urkunde vom Mai 819 für S. Servolo fogar „sancte Gradensisque et Aquilegiensis ecclesiae patriarcha",[8]) während letzteres bekanntlich Marentius war.

Das Verhältnis der Patriarchate Grado und Aquileia ift naturgemäß das zweier Rivalen, deren Gegensatz besonders durch die iftrische Frage verschärft wurde.

Zusammenfassend wird man sagen können, dafs diese zur Zeit des Patriarchen Paulinus zur Löfung gebracht wurde, indem Iftrien damals

---

[1]) Brief Leos a. a. O.

[2]) Manfi XIV, 496; Mühlbacher no. 814; Simfon: Ludwig b. Fr. I, 281 ff.

[3]) Siehe unten cap. VII. Erfteres abgedruckt: Poet. Lat. II, 150 ff., letzteres: P. L. I, 142 f., no. X.

[4]) Dümmler: Poet. Lat. II, 150.

[5]) Dies zeigt Strophe 11 des Gedichtes.

[6]) In der Urkunde Karls von 803 heißt es: „Fortunatus Gradensis patriarcha, sedis S. Marci Evangelistae et S. Hermacorae episcopus" (Ughelli V², 1095).

[7]) Bei Carli: „Delle antichità Italiche", append. alla parte IV, 12.

[8]) „Codice diplomatico Padovano" p. 6 f. So wird auch Grado „nova Aquilegia" genannt. Chron. Venet. (v. Altinate) SS. XIV, 56, 35.

kirchlich und politisch sich ins Frankenreich einfügte. Dieses Verhältnis wurde nach seinem Tode abgeändert — vielleicht zu Gunsten des ungewissen Planes der Verlegung des Patriarchensitzes von Grado nach Pola, der aber nicht realisiert wurde. Nach dem Wiederanschlusse Istriens an Aquileia stellt sich dies aber nur als eine vorübergehende Störung des Zustandes, wie er unter Paulinus bestand, dar. — Das sind aber durchaus nicht isolierte, locale Verhältnisse. Sie sind bestimmt durch die großen Factoren allgemeiner Geschichte, den Gegensatz der orientalischen und occidentalischen Kirche, des byzantinischen und des fränkischen Reiches, die sie wie als ein verkleinertes, aber scharf umrissenes Bild wiederspiegeln.

III. Capitel.

Die Metropole Aquileia.

Zur Römerzeit hatte sich das ungetheilte Metropolitangebiet Aquileias über Venetien, Istrien sammt einem Theil von Illyricum, Rhaetia II. und Noricum erstreckt,[1] also über das Ebenengebiet nördlich der Adria und den größten Theil der Ostalpen. In diese schob die Völkerwanderung slavische Völker, Römerthum und Christenthum austilgend oder zurückdrängend, soweit es zu Ende des 6. Jahrhunderts noch erhalten war. So war dieses Gebiet für die Metropole Aquileia verloren, bis zu Paulinus' Zeiten mit der christlichen Mission auch kirchliche Organisation in diese und die östlichen, von Avaren bevölkerten Gegenden drang und eine Erweiterung der Erzdiöcese Aquileia nach Norden zur Folge hatte. Dies steht mit Karls d. Gr. Avarenkriegen und der Stellung der Salzburger Kirche in unauflöslichem Zusammenhange, und soll später in diesem behandelt werden. Ferner wurde Aquileia nach der Theilung des ursprünglichen Metropolitan-Gebietes in die Patriarchate Aquileia und Grado auf die langobardischen Bisthümer beschränkt, während die byzantinischen letzterem angehörten. Und endlich war kurze Zeit, bevor Paulinus sein Amt antrat, das nördlichste Bisthum der Metropole Aquileia, Saeben, welches ebenso wie Trient von den Slaven nicht erreicht worden war, in den bayrischen Kirchenverband übergetreten. Es ist dies eine Folge der Zugehörigkeit des Gebietes von Saeben zum Herzogthume Bayern,[2] dessen Staatsverband vor der Errichtung des Erz-

---

[1] Hefele: „Conciliengeschichte" II², 914.
[2] Dies betont Zeißberg: Sitzungsber. d. l. Akad. d. Wiss. 43, 359. — Daß das Gebiet von Saeben nicht erst damals wieder an Bayern zurückkam, wie Sinnacher: „Beiträge zur Geschichte der bischöfl. Kirche Saeben und Brixen" I, 331, und Rettberg II, 183, meint, sondern überhaupt nie langobardisch wurde, bemerkt Huber: Öst. Gesch. I, 71, N. 1.

bisthums Salzburg den Kirchenverband ersetzte,[1]) da bei der Stellung Bayerns zum Frankenreiche die Abhängigkeit der bayrischen Bischöfe von der Metropole Mainz wohl nicht einmal mehr eine formelle war. Bischof Alim von Saeben erscheint bereits 770 in der Stiftungsurkunde Tassilos für Innichen als Zeuge,[2]) in derselben Eigenschaft 771 in einer Schenkungs= urkunde des Priesters Dalbagaer für Freysingen,[3]) um 772 finden wir ihn unter den bayrischen Bischöfen, welche auf der Synode von Dingolfing ver= sammelt sind,[4]) 796 auf der Synode von Reispach.[5]) Ferner wird Alim in dem Schreiben Leos III. an die bayrischen Bischöfe[6]) unter diesen genannt, auf deren Bitten der Papst den Bischof von Salzburg zu ihrem Metropoliten und Erzbischof gemacht habe. Daraus geht deutlich hervor, daß der Bischof von Saeben schon vor der Erhebung Salzburgs zum Erz= bisthum (798) factisch und rechtlich in der gleichen Stellung war wie die übrigen bayrischen Bischöfe, d. h. losgelöst von der Metropole Aquileia der bayrischen Staatskirche angehörte, die nach einem eigenen Metropolitan= Verbande strebte und ihn erreichte. Sicher bezeugt ist diese Stellung Saebens, wie oben ersichtlich, seit 770; wahrscheinlich ist, daß die Lösung von Aquileia schon früher erfolgte, keinesfalls aber vor 739, um welche Zeit Saeben nach Odilos Kircheneintheilung noch nicht im bayrischen Kirchen= verbande erscheint.[7])

So hatte die Metropole Aquileia im nördlichen Alpengebiete an Einfluß verloren. Aber wie ihr einst römische Reichsautorität denselben hier verschafft hatte, so bewirkte nun fränkische Macht ihre Vergrößerung im Süden. Ungefähr zu gleicher Zeit[8]) erfolgte der Anschluß der istrischen Bisthümer an Aquileia, den ich im vorigen Abschnitte wahrscheinlich zu

---

[1]) Auf der Dingolfinger Synode erscheinen „gentis Baiuvariorum episcopi et abbates". Mon. Germ., LL. III, 461
[2]) Meichelbeck: „Historia Frisingensis" I[b], no. 22.
[3]) Meichelbeck I a, no. 69.
[4]) LL. III, 461.
[5]) LL. III, 476. — Sinnacher I, 360 erwähnt ihn noch in einer Entscheidung zwischen Freysing und Tegernsee.
[6]) Zahn: „Urkundenbuch des Herzogthums Steiermark" I, 3.
[7]) Zeißberg, a. a. O., Wr. Sitzungsber., 43, 359, N. 1. Die Loslösung Saebens von Aquileia erfolgt daher nicht erst 798 und hängt auch nicht mit der Errichtung der Metropole Salzburg zusammen, wie Tinkhauser: „Topographisch=historisch=statistische Be= schreibung der Diöcese Brixen" I, 5 u. 20 und O. Redlich: „Zur Geschichte der Bischöfe von Brixen vom 10. bis in das 12. Jahrh.", Zschr. d. Ferdinandeum, 1884, S. 3 und „Ein alter Bischofsitz im Gebirge", Zschr. d. D. u. Ö. Alpenvereines XXI (1890), S. 35 (Separat=Abdruck. S. 1) meinen. — Ganz unmöglich ist es, erst an die Zeit der Ver= legung des Bisthums von Saeben nach Brixen (976) zu denken. Vgl. Hirsch: Jahrb. d. Deutschen Reiches unter Heinrich II. I. 62.
[8]) Siehe oben S. 18.

machen gesucht habe. Drei Momente sind es sohin, welche die Erstreckung der Metropole Aquileia wesentlich bestimmen: Die Invasion und Bekehrung heidnischer Völkerstämme, das Emporkommen der bayrischen Kirche und das Verhältnis zu Grado; die beiden ersteren von größter Bedeutung für das der Kirche erst wieder zu gewinnende Gebiet, das letztere für das kirchlich fest organisierte Gebiet der Metropole Aquileia, wie es Paulinus von seinen Vorgängern überkommen war. Von diesem soll zunächst gehandelt werden.

§ 1. Das Metropolitangebiet vor dessen Erweiterung unter Paulinus.

Im Folgenden soll versucht werden, die Bisthümer festzustellen, welche zu Paulinus' Zeit Aquileia als Suffragane unterstanden. Dies hat auch Mabrisius gethan; ich komme auf einem anderen Wege zu einigen Ab= weichungen von seinem Resultate.[1]

Paulinus hielt 796 zu Civibale eine Synode ab, auf welcher seine Suffragane erschienen.[2] Leider sind uns keine Unterschriften derselben in den Acten überliefert. Paulinus spricht nur von einem „contuber= nium episcoporum", welches zusammenkam.[3] Mabrisius[4] macht dies= bezüglich auf eine Stelle bei Vegetius („de re militari", l. II, c. 13) aufmerksam, in welcher es heißt: „contubernium constabat decem mili= tibus". Da aber Vegetius am Ende des 4. Jahrhunderts schrieb,[5] so wird man nicht behaupten können, daß dieses Wort am Ende des 8. Jahrhunderts noch in der Zahlbedeutung einer längst geschwundenen Militär=Organisation

---

[1] Die Aufzählung der Suffragane Aquileias, welche Wiltsch: „Handbuch der kirch= lichen Geographie und Statistik" (Berlin 1846) I, 277, gibt, bezieht sich gemäß der Eintheilung seines Buches auf den Zeitraum von 622—1073, wodurch die Schwankungen in der Aus= dehnung nicht zum Ausdrucke gelangen, und die Angaben ebenso unbrauchbar werden wie die Czörnigs: „Das Land Görz und Gradisca mit Einschluß Aquileias" S. 365, A. 1 wo eine Reihe von Bisthümern aufgezählt wird, die „in früherer Zeit (vor dem Ein= falle der Langobarden)" Suffragane Aquileias waren, ohne vollständig und für irgend ein bestimmtes Jahr verwendbar zu sein. — Die in dem Artikel „Grado" der Ersch u. Gruber= schen Encyklopädie, I. Sect., 78. Bd., S. 453 ausgesprochene Ansicht, daß Paulinus 776 auch von Venedig anerkannt, aber als Frankenfreund bald aus Grado gewichen sei, kann ich wohl übergehen. C. v. Breitschwerts „Geschichtliches Essay": „Aquileia, das Emporium an der Adria" (Stuttgart 1880) will ich hier nur durch das Wort des Verfassers von dem „slavischen Volk der Avaren" (S. 44) charakterisieren.

[2] Die Acten derselben bei Mansi XIII, col. 833 ff. Über die Synode siehe unten cap. V, § 2.

[3] Mansi XIII, col. 833.

[4] Paulini opera p. 207, col. 2. A. Ihm schreibt es Gams: „Series episcoporum" p. 768 nach.

[5] Von 384—395 nach Marquardt: „Römische Staatsverwaltung" II, 585.

gebraucht sei, und darf daraus keinen Schluß ziehen. So bleiben nur Rückschlüsse von Angaben aus der Zeit vor und nach Paulinus möglich. Ich gehe von einer Stelle des Paulus Diaconus aus. Derselbe erzählt,[1] daß Patriarch Severus gezwungen wurde, die drei Capitel zu verdammen, was Paulus Diaconus als Schisma betrachtet, welches jener, freigelassen, wieder abgeschworen habe. Er zählt nun diejenigen Bischöfe auf, welche sich „ab hoc schismate cohibuerunt", zwölf an der Zahl, und jene fünf, welche mit Severus „communicaverunt", als er die drei Capitel verdammte. Welche Gemeinschaft von Bischöfen wird hier in zwei Parteien getheilt? Offenbar die der Suffragane der Metropole Aquileia; denn die der langobardischen Bischöfe kann es nicht sein, da dann in der Aufzählung eine große Zahl der bedeutendsten fehlen würde. So besitzen wir also das Bisthums=Verzeichnis für die Zeit knapp vor 590, wo die Metropole noch ungetheilt war.

Die Theilung erfolgte 607 so, daß die byzantinischen Bisthümer Grado, die langobardischen Aquileia unterstanden.[2] Welches waren nun die letzteren? Als Severus auf der Synode von Marano von zehn Bischöfen recipiert worden war, sollten sich diese und Severus in Rom dafür verantworten. Da veranstaltete dieser mit seinen Byzanz unterstehenden Suffragan=Bischöfen eine Protest=Synode in Grado, während seine dem Lango=barden reiche angehörigen Suffragane dies auf langobardischem Territorium thaten.[3] Das Synodalschreiben der letzteren ist erhalten.[4] Es ist an Kaiser Mauritius gerichtet und von zehn Bischöfen unterfertigt, welche langobardische Reichsangehörige waren. So besitzen wir also auch die Liste der langobardischen Bischöfe, welche auch nach der Theilung von 607 Suffragane der lango=bardischen Metropole Aquileia waren, da ja das Synodalschreiben kurze Zeit vorher (591) verfaßt ist.[5]

Dieses Verhältnis hatte Bestand, wenn es auch an Versuchen, dasselbe zu ändern, nicht gefehlt hat. Die päpstlichen Entscheidungen von 723 und 731

---

[1] Hist. Langob. III, 26, SS. rer. Langob. 107.

[2] Vgl. oben S. 17.

[3] Hefele: „Conciliengesch." II², 918 f.

[4] M. G. Epp., Registrum Gregorii I, p. 17 f. [Mansi X, 463 ff.]

[5] Auf 591 bestimmt bei Mansi, col. 467 f. (adnotatio). — Neben dem Synodal=schreiben von 591, welches ausdrücklich die Unterschriften der langobardischen Bischöfe ent=hält, erscheint die Synode von Marano belanglos, welche übrigens in der Zehnzahl der Bischöfe mit der obgenannten Synode übereinstimmt. Nur theilweise (Siehe S. 61) kann man aus den Acten der Synode von Grado von 579, welche Madrisius benützt hat, einen Schluß ziehen, wie de Rubeis nachgewiesen hat und jetzt allgemein anerkannt ist. Vgl. Hefele III², 917. Der neuestens von Monticolo für die Echtheit der Acten geltend gemachte Einwand, daß Gregor III. 713 auf sie Bezug nehme, wird mit Recht als nichts beweisend zurückgewiesen von Simonsfeld in der Recension über Monticolo: „I manoscritti e le fonti della cronaca del diacono Giovanni", Histor. Ztschrft. 67 (1891), S. 364.

haben für die Abgrenzung der Metropolitangebiete Aquileia und Grado an der Grundlage der verschiedenen Staatsangehörigkeit festgehalten. Eine factische Aenderung führte erst der Anschluß der istrischen Bischöfe an Aquileia unter Sigwald herbei, eine rechtliche erst die Synode von Mantua 827, welche dies Verhältnis zu einem rechtsgiltigen Zustande erhob. Sohin fragt es sich nur, ob die Reihe der Bischöfe, welche nach dem oben Gesagten festgestellt werden kann, bis zu Paulinus' Zeiten durch Vermehrung oder Auflassung einzelner Bisthümer innerhalb des aquileiensischen Metropolitangebietes verändert wurde. Dafür können wir die Acten der von Paulinus' Tod nur 25 Jahre zeitlich entfernten Synode von Mantua (827)[1]) gebrauchen, welche eine Reihe von Bischöfen Venetiens als anwesend anführt, welche freilich nicht sämmtliche enthalten muß, aber doch die Fortexistenz der meisten, von Paulus Diaconus und in dem Synodalschreiben von 591 genannten Bisthümer bestätigt. Ich stelle die drei Bisthumslisten im Folgenden in veränderter Reihenfolge übersichtlich nebeneinander:

A. Ungetheilte Metropole um 590. Paulus Diaconus H. L. III, 26[2])	B. Langob. Bisthümer, bezw. Metropole Aquileia nach der Theilung. Synodalschreiben von 591[3])	C. Bisthümer der Provinz Venetien. Synode von Mantua 827[4])
(episcopus)	(ep. ecclesiae)	(ep.)
1. Veronensis	Veronensis	Veronensis
2. Tridentinus	Treientinae	Tridentinus
3. Vicentinus	Vecetinae	Vicentinus
4. Feltrinus	Feltrinae	Feltrensis
5. Bellunensis	Bellutanae	Bellunensis
6. de Tarvisio	Tervisianae	Tarvisanus
7. Concordiensis	Concordiensis	Concordiensis
8. de Acilo	Acelinae	Azolen(sis)
9. de Sabione	secundae Retiae	Mantuanensis
10. Juliensis	Juliensis	Patavensis
11. Polensis	—	Cenetensis
12. de Altino	—	—
13. Parentinus	—	—
14. (Tergestinus)	—	—
15. (Aemoniensis)	—	—
16. (Cessensis)	—	—
17. (Celeianus)	—	—

---

[1]) Bei Mansi XIV, col. 493 ff.   [3]) Epp., Reg. Greg. I. 18 [Mansi X, col. 466].
[2]) SS. rer. Langob. p. 107.   [4]) Mansi XIV, 494 f.

Betreffs no. 14—17 in Columne *A* ist zu bemerken, daß bei Paulus Diaconus nicht die (in Klammer stehenden) Bisthümer genannt sind, sondern nur die Namen der Bischöfe. Die ihnen zugehörigen Diöcesen können aber aus dem ersten Capitel des „Chronicon patriarcharum Gradensium"[1]) ergänzt werden, wo dieselben Bischofsnamen in Verbindung mit den genannten Bisthümern sich finden, allerdings als Unterzeichner der gefälschten Acten der Synode von Grado. Da Paulus Diaconus diese Synode nicht erwähnt und die Bischofsnamen allein bringt, so hat er diese eben nicht aus den gefälschten Acten, sondern anderwärts geschöpft und gibt uns so die Gewähr, daß die Acten die richtigen Namen enthalten, soweit das diese vier Bis-thümer betrifft, was ja durchaus nicht auffallend ist, da man zur Zeit der Fälschung, welche 713 bereits als echt gilt,[2]) noch sehr gut die Namen der Bischöfe von 579 kennen konnte.

Aus den obigen drei Bisthumslisten geht hervor, daß acht Bisthümer allen gemeinschaftlich sind, welche also dem langobardisch=aquileiensischen Theile der ursprünglichen Gesammt-Metropole angehörig, und zu Beginn des neunten Jahrhunderts als noch bestehend nachgewiesen, auch zu Paulinus' Zeit Suffragane Aquileias gewesen sein müssen. Dasselbe wird bezüglich anderer Bisthümer durch urkundliche Zeugnisse bewiesen. Ich gehe demnach daran, die Paulinus unterstehenden Suffragan=Bisthümer einzeln zu nennen, und zwar zunächst diejenigen, deren Existenz und Abhängigkeitsverhältniß gesichert ist, dann diejenigen, bei denen das eine oder das andere strittig ist, und zuletzt die istrischen Bisthümer, deren Zugehörigkeit zu Aquileia ich für Paulinus' Zeit zu erweisen suchte, indem ich hiebei von der West= grenze gegen die Metropole Mailand, welche mit dem Mincio zusammen= fallen dürfte,[3]) nach Osten vorwärtsschreite.

1. Verona, angeführt in den drei Bisthumslisten *A, B, C.* Zu Pau-linus' Zeit ist als Bischof sicher bezeugt Egino, ein Alamanne.[4])

2. Trient (*A, B, C*). Dieses Bisthum bewahrte im Gegensatze zu Saeben seine stete Zugehörigkeit zur Metropole Aquileia, da die Angriffe der Bayern auf das Gebiet von Trient, wie früher von den Langobarden, so nun von den Franken abgewehrt wurden. Aus der Bischofsreihe,[5]) wie sie auch Ughelli[6])

---

[1]) SS. rer. Langob., 393.

[2]) Vgl. oben S. 31 N. 5.

[3]) Romanin: „Storia documentata di Venezia" I, 35, n. 1.

[4]) „Egino Veronensis episcopus obiit", Ann. Alam ad a. 802, SS. I, 491; vgl. oben S. 6.

[5]) „Series episcoporum Tridentinorum" aus einem Missale, M. G., SS. XIII, 369.

[6]) It. s. V², 590. Da Ughelli keine Quellenangaben macht, ist er vielfach nicht controlierbar.

gibt, kommen für uns in Betracht Clementianus, Amator und Hyltigarius, für welche man verschiedene Zeitansätze versucht hat.[1])

3. Vicenza (*A*, *B*, *C*). Zu Paulinus' Zeit war vielleicht schon Reginalbus Bischof, welcher bei der Einweihung der St. Georgs-Kirche in Verona durch Patriarch Maxentius im Jahre 813 oder 814 zugegen war.[2])

4. Padua (*C*). Obwohl Padua in den Listen *A* und *B* nicht vorkommt, so ist seine Existenz als Bisthum schon vor Paulinus doch unzweifelhaft, wofür ich die Grab-Inschrift für Bischof Tricidius vom Jahre 646[3]) anführe, und die Unterzeichnung des Schreibens Papst Agathos und der römischen Synode an Kaiser Constantin durch den Bischof von Padua im Jahre 680.[4]) In die Lebenszeit des Patriarchen Paulinus fällt nach Ughelli[5]) die Amts-thätigkeit der Bischöfe Robo und Luitarbus.

5. Asolo (*A*, *B*, *C*). Dass als Sitz des in Liste *C* genannten Azolensis episcopus nur das heutige Asolo verstanden werden kann, ist wohl nicht zweifelhaft. Ebenso wird man behaupten können, dass die in Liste *A* genannte Form de Acilo (episc.) mit Acelinae (eccl. episc.) in *B* und mit Azolensis identisch sei, da jedes als Bisthum erscheint, woraus der Schluss zu ziehen ist, dass an Stelle des heutigen Asolo ein Bisthum fortbestand, dessen Name vom 6. bis ins 9. Jahrhundert etwas variierte. Ich halte es daher für unrichtig, wenn Forbiger[6]) das Acilum des Paulus Diaconus (*A*) für das heutige Sacile hält, während er das Acelum des Plinius (III, 130), welche Form ja auch in Liste *B* enthalten ist, für Asolo erklärt.[7]) Auf die Identificierung mit Sacile ist wohl auch die Form Sacillanus (ep.) bei Ughelli zurückzuführen, in welcher Mabrisius[8]) eine Verwechslung mit Acilensis erblickt.

6. Feltre (*A*, *B*, *C*). Als Bischöfe nennt Ughelli[9]) in der Zeit von 769—827 Enbrighettus und Amatus.[10])

---

[1]) So Gams: „Series episcoporum" p. 316, und Fr. Ambrosi: „Commentari della Storia Trentina" II, 185. Es gibt hiefür keine sicheren Anhaltspunkte. Nach Potthast: „Bibl. hist. m. ae.". Supplem. p. 269, sind Clementianus und Amator erdichtet.

[2]) Ughelli I², 860 zum Jahre 813; V², 708 zum Jahre 814.

[3]) A. Gloria: „Codice diplomatico Padovano" no. 2, p. 2.

[4]) Labbé: Sacrosanctorum conciliorum tom. VI, col. 705.

[5]) It. s V², 428.

[6]) „Handbuch der alten Geographie" III², 414 f., N. 11.

[7]) Ob das in einer langobardischen Kauf-Urkunde vom Jänn. 773 (Bethmann und Holder-Egger: „Langob. Regesten", Neues Archiv III, no. 317) genannte Acilianum Asolo oder Sacile sei, wage ich nicht zu entscheiden.

[8]) Paul. opp p. 204, col. 2, C.

[9]) It. s V², 370.

[10]) Letzterer erscheint 827 auf der Mantuaner Synode, Mansi XIV, col. 495, wo Arratus verlesen ist.

7. **Belluno** (*A, B, C*). Vor den in Mantua (827) unterzeichneten Bischof Ochelbertus[1]) setzt Ughelli[2]) Ayrolbus.

8. **Ceneda**, jetzt officiell und auf neueren Karten Vittorio[3]) (*C*). Daß der von Paulus Diaconus in der Liste *A* genannte Bindemius, episcopus Cessensis, Bischof von Ceneda sei, wie Mabrisius[4]) meint, halte ich nicht für wahrscheinlich, weil Paulus ihn als der Provinz Istrien angehörig bezeichnet und er darunter das heutige Istrien versteht, und nicht, wie Mabrisius gegen de Rubeis ausführt, die ganze Provinz Venetien, wie dies in dem Schreiben Papst Agathos von 680 geschieht. In diesem[5]) erscheint der „episcopus ecclesiae Cenetensis", für deren Existenz auch aus Paulinus' Zeit selbst ein Zeugnis erhalten ist, in der Urkunde Karls d. Gr. aus Frankfurt vom 31. März 794 für Bischof Dulcissimus,[6]) welche, in der überkommenen Form zwar unecht, nach Mühlbacher doch zu zeigen scheint, daß Karl Immunität und Besitzbestätigung verliehen habe; jeden-falls beweist sie die Existenz des Bisthums.

9. **Treviso** (*A, B, C*). Nach Ughelli[7]) verwaltet zu Paulinus' Zeit ein Fortunatus das Bisthum.

10. **Concordia** (*A, B, C*). Die angebliche Urkunde Karls von 802 für Bischof Petrus[8]) ist eine Fälschung.[9])

In den Bischöfen dieser Bisthümer erkennen wir also sicher Suffragane des Patriarchen Paulinus.

Von den übrigen in Liste *A* und *B* genannten Bisthümern stand Saeben, wie oben[10]) ausgeführt, zu Paulinus' Zeit nicht mehr im Metro-politan-Verbande Aquileias; Zuglio, die ecclesia Juliensis,[11]) wird nach 501 nirgends mehr als Bisthum erwähnt, so daß man als gewiß annehmen kann, daß es als solches eben nicht mehr bestand. Das Gleiche gilt von Oberzo und der eccl. Veientuna, deren Bischöfe das Schreiben Agathos (680) unterzeichneten,[12]) und nur vorübergehend Bisthümer gewesen zu sein

---

[1]) Mansi XIV, col 495.

[2]) Ughelli V², 146.

[3]) Breßlau: „Italienische Reise 1876", Neues Archiv III, 82, N. 1.

[4]) Mabrisius p. 205, col. 2, E.

[5]) Labbé: Sacros. concil. tom. VI, col. 704.

[6]) Ughelli V², 174 f.; Mühlbacher no. 313.

[7]) It. s. V⁴, col. 490 f.

[8]) Ughelli V⁴, 326 f.

[9]) Mühlbacher no. 378.

[10]) Siehe oben S. 28 f.

[11]) Der Ort heißt Julium Carnicum oder Castrum Julium, welch' letztere Bezeichnung aus dem heutigen Cividale zukommt, dagegen nie Forum Julium, welchen Namen nur Cividale führt. Vgl. Gregorutti: „Iscrizioni inedite Aquileiesi, Istriane e Triestine", Archeografo Triestino, nuov. ser. X, 395.

[12]) Labbé VI, col. 704 f.

scheinen, sowie von Zeglia (ecclesia Celeiana)[1]: Altino war längst zerstört, das Bisthum, nach Torcello verlegt, stand unter Grado.[3]) Die übrigen Bisthümer der Liste A gehören Istrien an und werden unten besprochen. — Dagegen bestand das 827 in Liste C genannte Bisthum Mantua unter Paulinus noch nicht, sondern wurde erst 804 von Leo III. als Bisthum begründet, während allerdings die Kirche von Mantua schon vor ihrer Erhebung zum Bisthum, nämlich seit 729, über Anordnung Gregors II. nicht mehr Ravenna, sondern Aquileia unterstand.[3]) — Madrisius zählt auch Como zu den Suffragan-Bisthümern Aquileias, weil dortselbst in den liturgischen Gebräuchen der aquileiensische Ritus üblich war.[4]) Dies ist aber kein Beweis gegenüber dem Umstande, dass Como in keiner der drei Listen erscheint, und dass seine kleine Entfernung von Mailand schon die Abhängigkeit von diesem bedingen musste, in welcher es auch gerade in der Zeit, in welcher der aquileiensische Ritus an Boden zu gewinnen begann,[5]) sicher sich befindet, indem am 28. December 874 Erzbischof Anspert von Mailand in Gemeinschaft mit dem Königsboten Grafen Boso einen Streit des Bischofs Elibert von Como mit dem Abte Petrus von S. Ambrogio entscheidet.[6])

Die genannten Orte sind sohin zu Paulinus' Zeit nicht Suffragan-Bisthümer Aquileias.

Ich schließe hieran nun die Istrischen Bisthümer, die ich für Paulinus' Suffragane halte, indem ich sie an die sicher nachweislichen Suffragane durch fortlaufende Numerierung anreihe. Sie hatten sämmtlich Weiterbestand: in dem ungefähr dem Jahre 1230 entsprechenden Bisthums-Kataloge der päpstlichen Kanzlei, dem „Provinciale",[7]) werden alle aufgezählt. Für einzelne haben wir auch aus Paulinus' Zeit Nachricht.

11. Triest (A). Für den auch zu Paulinus' Zeit ununterbrochenen Fortbestand des Bisthums daselbst haben wir ein indirectes Zeugnis in dem

---

[1]) Ich halte die ecclesia Celeiana für identisch mit dem von Paulus Diaconus (hist. Lang. IV, c. 38) genannten Zallia und stimme Stralosch-Grafsmann: „Gesch. d. Deutschen in Österr.-Ungarn" I, 319, N. 6 zu, der dieses für Zeglia bei Tormons statt für Cilli in Unter-Steiermark hält.

[3]) Madrisius (dissert. VI) p. 239, col. 2. Was er, gestützt auf die von Paulinus angeblich in Altino abgehaltene Synode, vorbringt, fällt mit dieser. Vgl. unten S. 166 f., N. 2.

[3]) Ughelli I[3], col. 858; Muratori: „Annali d'Italia" IV, 455.

[4]) Madrisius p. 206, col. 2, C, D.

[5]) Vgl. V. Joppi: „De' libri liturgici a stampa della chiesa d'Aquileia", Archivio Veneto 31, 227 und N. 1.

[6]) Rovelli: „Storia di Como" II, 57 f.

[7]) Bei Tangl: „Die päpstlichen Kanzlei-Ordnungen von 1200—1500" S. 10 f.; vgl. über dasselbe Eubel: „Zum Provinciale in Tangls Kanzlei-Ordnungen" Histor. Jahrb. der Görres-Gesellschaft XVI (1895).

Jacitum von Rijano vom Jahre 804 oder 805,[1]) bei welchem fünf Bischöfe Istriens zugegen waren.[2]) Von den Bisthümern ist allerdings nur Pola genannt; aber da die Zahl der bedeutenderen Orte in Istrien nicht groß t, so steht der Fortbestand des bezeugten Bisthums gerade in dem alten :ergeste außer Zweifel. Aus dieser Stadt giengen zu Paulinus' Zeit mehrere Patriarchen von Grado hervor.[3]) Die Bischofsliste bei Potthast[4]) ist unzu= erlässig; so war beispielsweise Fortunatus vor seiner Wahl nicht Bischof on Triest, sondern Triestiner von Geburt und Presbyter.[5])

12. Capo d'Istria (Justinopolis). Nach Ughelli[6]) hat Patriarch Bitellianus von Grado, der Vorgänger des Patriarchen Johannes, dort Metropolitan=Functionen ausgeübt.

13. Cittanuova, das alte Aemona (A no. 15). Die Identität dieser beiden, welche Nicoleti in seiner Ausgabe Ughellis bestritt,[7]) ist jetzt wohl allgemein anerkannt.[8]) Daß der oben[9]) genannte Bischof Mauricius gerade Bischof von Aemona gewesen sei,[10]) ist durch nichts zu beweisen. Für den Fortbestand des Bisthums möchte ich den gleichen Grund wie oben bei Triest geltend machen.

14. Parenzo (Parentinum) (A no. 13). Irrigerweise zum Jahre 796 wird Bischof Euphrasius genannt in einer Urkunde, welche Coleti als Zusatz zu Ughelli gibt.[11])

15. Pola (A no. 11). Dieses Bisthum wird im placitum von Rijano namentlich genannt, indem es heißt: „primus omnium primas Polensis dixit",[12]) was dem Umstande entsprach, daß Pola der Hauptort des Landes war,[13]) weshalb ich auch den erstunterzeichneten der Bischöfe, Stauratius,[14]) für den Bischof von Pola halte.

[1]) Vgl. oben S. 21.
[2]) Vgl. oben S. 22.
[3]) Vgl. oben S. 24.
[4]) Bibliotheca historica medii aevi, Supplem. p. 269.
[5]) Vgl. oben S. 46. Auch Cappelletti: „Le chiese d'Italia" VIII, 682 läßt Fortunatus 788—802 irrthümlich Bischof von Triest sein.
[6]) It. s. V², 381.
[7]) It. s. V², 227 f.
[8]) Vgl. Arneth in dem Berichte über Kandlers Werke, Sitzber. der Wr. Akad. der Wiss., phil.=hist. Cl. 4, 179; Strauß: „Beziehungen Karls d. Gr. zum griechischen Reiche bis zum Sturze der Kaiserin Irene" S. 12, A. 2; Abel=Simson I, 322.
[9]) S. 20.
[10]) Ughelli V², 229; Gams: „Series episcoporum" p. 770.
[11]) It. s. V², 397. Diese byzantinische Urkunde gehört aber in eine viel frühere Zeit Cappelletti a. a. O. p. 785. Für das fränkische Istrien ist sie nicht möglich.
[12]) Carli: „Delle antichità Italiche", appendici alla parte IV, p. 6.
[13]) Vgl. oben S. 22.
[14]) Carli p. 11.

16. **Pebina (Pebena).** Die ecclesia Petinensis findet sich in den unechten Acten der Synode von Grabo[1]) (579). Lange Zeit hinburch fehlt uns dann eine Erwähnung derselben — bis zum Jahre 1012. Da bestätigt König Heinrich II. nach dem Vorgange Ottos dem Patriarchen Johann „duas civitates in comitatu Hystriensi sitas, quarum una dicitur Penna, in qua iam dudum episcopus ad honorem dei et sanctorum eius constitutus esse videtur, altera vero Pisino.“[2]) Daraus geht deutlich hervor, dass Pebena (ein anderer Ort kann Penna wohl nicht sein) Sitz eines Bisthums war, dass in Pisino sich kein solches befand, daher die Identificierungs-Versuche der ecclesia Petinensis mit Pisino und Pucinum, das dem heutigen Duino entspricht,[3]) wie sie Coleti macht,[4] irrig sind. — Dass die ecclesia Beconensis in dem Synodalschreiben der langobardischen Bischöfe von 591,[5]) die unter fränkischen Einfluss gerathen war, nicht die istrische ecclesia Petinensis gewesen sein kann, muss man Alois Huber[6]) unbedenklich zugeben, wie man sonst auch über seine Ausführungen betreffs der ecclesia Petena, wie die Salzburger Kirche in Paulinus' Zeit auch genannt wird[7]) und mit der die istrische ecclesia Petinensis gar nichts zu schaffen hat, urtheilen mag.

Wenn, wie ich glaube, die in Liste *A* no. 16 genannte ecclesia Cessensis nicht identisch ist mit Ceneda, so ist damit ein istrisches Bisthum gemeint, das sich späterhin nicht mehr findet, und dessen heutiger Ortsname mir unbekannt ist.[8])

Das placitum von Risano gibt, wie gesagt, die Zahl von fünf istrischen Bischöfen an, womit nicht erwiesen ist, dass nicht etwa auch noch ein sechstes bestand, dessen Bischof auf dem placitum fehlte, so dass möglicherweise die sechs genannten Bisthümer zu Paulinus' Zeit bestanden. Sicher ist dies von fünfen, und es käme dann nur Capo d'Istria außer Betracht, das vielleicht noch nicht bestand, oder Pebina, dessen Bestand vielleicht unterbrochen war.

---

[1]) Madrisius, p. 205, col. 2, B.

[2]) Breßlaus Mittheilung aus der Bibliothek von S. Marco, N. Archiv III, 90; dann abgedruckt bei Mühlbacher - Zoppi: „Unedierte Diplome aus Aquileia“, Mitthlg. d. Instituts f. österr. Gesch. I, 292 f.

[3]) Forbiger: „Handbuch der alten Geographie“ III², 418 f., N. 19.

[4]) Ughelli V², 470 f.

[5]) Mansi X, 463 ff.

[6]) Alois Huber: „Die ecclesia Petena der Salzburger Urkunden“, Sitber. d. Wr. Akad., ph.-hist. Cl. 37, 101 ff.

[7]) Brief Leos III. an Arno: „archiepiscopo ecclesiae Iuvavensium, que et Petena nuncupatur“, Zahn: „Urkundenbuch des Herzogth. Steiermark“ I, 1.; ebenso im Briefe Leos an die bayrischen Bischöfe bei Zahn, a. a. O. I, 4.

[8]) Sollte vielleicht der Name des nordöstlich von Triest gelegenen Sessana eine Beziehung aufweisen?

Demnach umfaßte die Metropole Aquileia zehn Suffragan-Bisthümer auf dem Boden Venetiens und wahrscheinlich sechs auf dem Istriens. Dies war die Machtsphäre der Metropole im Nordosten Italiens, als Paulinus zu ihrer Leitung berufen wurde. Dadurch, daß jene dem zur Universal- macht aufstrebenden Frankenreiche eingefügt war, wurde sie mit der auf die christliche Mission gerichteten Tendenz dieser Monarchie verknüpft; - so gelangte die Metropole Aquileia unter Paulinus und seinen Nachfolgern wieder in ein Verhältnis zu dem ihr einst unterstehenden Alpengebiete, und zu der in demselben erwachsenen Kirche von Salzburg. Dies gelange im folgenden Paragraphen zur Darstellung.

---

§ 2. Erweiterung des Metropolitangebietes unter Paulinus.

A. Christliche Mission im Slaven- und Avarenlande.

Es kann nicht Aufgabe dieser Abhandlung sein, die Christianisierung der karantanischen Slaven von ihrem Anbeginn bis in die Zeit Karls d. Gr. darzustellen, ebensowenig wie dessen Feldzüge gegen die Avaren, die zur Ausdehnung der Mission auf diese führten, hier ausführlich behandelt werden sollen. Diese Dinge sind oft und vorzüglich dargestellt worden, und ich ver- weise diesbezüglich auf die Literatur-Angaben bei Huber.[1]) Hier seien nur die Punkte hervorgehoben, die weiterhin für die Mission und kirchliche Organisation des Slaven- und Avarenlandes in Betracht kommen.

Als die Slaven Karantaniens, d. h. Kärntens, Steiermarks und eines Theiles des östlichen Tirol,[2]) ihre im 7. Jahrhunderte erlangte Unabhängigkeit von den Avaren im 8. Jahrhundet wieder von diesen bedroht sahen, kam mit der erbetenen bayrischen Hilfe auch das Christenthum zu ihnen, zunächst also im Gegensatze zu der Fremdherrschaft der Avaren. In seiner Verbindung mit Bayern half es aber Karantanien trotz einer heidnisch-nationalen Partei schließlich (772) unter bayrische, und damit (788) unter fränkische Ober- hoheit bringen, von welcher es 790 die Avaren vergeblich rückgefordert zu haben scheinen.[3]) In dem großen Vernichtungskampfe, der sich nun gegen diese erhob, vereinigte sich das Interesse der christlichen und heidnischen Slaven Karantaniens und Krains mit dem der Franken — ein Vortheil für das Christenthum in jenen Gegenden — wie das ja die Theilnahme des slavischen Fürsten Vojmir[4]) an dem Kriege gegen die Avaren zeigt.

---

[1]) Österr. Gesch. I, 77, N. 2.
[2]) Büdinger: Österr. Gesch. I, 113.
[3]) Ebenda S. 130.
[4]) Dies ist die von Miklosić für richtig erklärte Schreibung. Rački in den „Monu- menta spectantia historiam Slavorum meridionalium" VII („Documenta historiae Croaticae periodum antiquam illustrantia"), p. 299, n. 1.

Nur ein einziger Aufstand von Slaven wird gemeldet,[1]) wo sie auf Seite der Avaren standen (797). Da Pippin, welcher gegen sie zog, damals in Deutschland war,[2]) und sein Heer den bayrischen Heerbann in sich schloß, so wird man gegen Abel-Simson[3]) vermuthen dürfen, daß dies die mährisch-slovakischen Slaven Ober-Pannoniens gewesen seien. Von der Donau und der Drau aus wurden die Avaren in Pannonien angegriffen; von Bayern aus mit bayrischen, fränkischen und auch sächsischen[4]) Truppen, von Friaul aus mit langobardischen und slavischen Mannschaften. Diesem letzteren Theile aber fiel die Hauptaufgabe und die Entscheidung zu, die Herzog Erich von Friaul mit Vojmir durch Eroberung des Avarenringes 795[5]) herbeiführte.

Dies hatte seine natürliche Rückwirkung auf die Kirche von Aquileia. Mußten hohe Geistliche dieser Zeit auch als Kriegsleute an Feldzügen theil-nehmen,[6]) so war die Kirche umsomehr gerade an solchen betheiligt, bei welchen auch der Zweck der Christianisierung des bekriegten Volkes erreicht werden sollte. Karl erwähnt in dem Briefe an Fastrada von 791[7]) auch einen Bischof, der ehrenvoll an dem Feldzuge gegen die Avaren theilnahm. Zweifel-los war dieser ein Bischof der Metropole Aquileia, ob aber Paulinus selbst,[8]) erscheint mir unwahrscheinlich, da selbst nach dem Siege von 795 es Alcuin schwer fällt, Paulinus zu einer Initiative in Bezug auf das Avarenvolk zu bringen.[9]) Doch seine Haltung wurde weiterhin dadurch bestimmt, daß er der Metropolit eines Gebietes war, das sich zum Schutze gegen die Avaren zur Mark ausgestaltete.

Die Unterwerfung dieses Volkes hat nicht bloß die Überlegenheit fränkischer Kriegführung bewirkt, sondern auch Parteiung in ihm selbst. Es entstand eine dem Frankenthum und Christenthum geneigte Partei unter den avarischen Großen, die, wenn sie auch die gelobte Treue später nicht hielt, doch im entscheidenden Augenblicke die Herrscher des avarischen Volkes verließ und tödtete, und den Franken Unterwerfung anbot. Wie so oft, hat auch hier eine Revolution gegen die Machthaber eines Volkes, die sich auf

---

[1]) Ann. Alamann. ad 797. SS. I, 48.

[2]) Mühlbacher: Regesten S. 205.

[3]) Jahrb. d. fränk. Reichs unter Karl d. Gr. II, 132 f.

[4]) Vgl. Waitz: D. Vg. IV², 565 u. Anm. 4.

[5]) Über diesen Zeitansatz vgl. Mühlbacher: Regesten S. 129 und Abel-Simson II, 99, N. 3.

[6]) Roth: „Geschichte des Beneficialwesens" S. 356; Rüdinger: D. G. I, 126.

[7]) Epp. III, 528 ff., no. 20 [Jaffé IV, 349 ff., no. 6]; vgl. oben S. 21.

[8]) So meinen de Rubeis col. 362; Madrisius, diss. I, p. 200, col. 1; Liruti: „Not. delle cose del Friuli" III, 159. Daß dieser Bischof nicht Arno gewesen ist, wie Alois Huber, Sitzber. d. Wr. Akad. 37, 29, behauptet, geht daraus hervor, daß Karl von der italischen Expedition spricht, während Arno doch wohl an der Karls theilgenommen haben würde.

[9]) Vgl. unten S. 41.

deren auswärtige Gegner stützte, auch das Volk selbst vernichten geholfen. Nach dem Siege von 795 hatte der avarische Tudun Gesandte an Karl geschickt, welche mit der Unterwerfung Annahme des Christenthums versprachen. Das weckte viele Hoffnungen, und groß war der Eindruck, den es auf den Mann machte, an welchen man, wenn man von jener Zeit spricht, stets wie an Karl selbst denkt, wie er auch neben diesem steht, Anregungen gebend und empfangend, so recht die Verkörperung der geistigen Bestrebungen jener Zeit, auf Alcuin. Das Reich der Avaren sei stark und langdauernd gewesen; in seiner Unterwerfung, die von ihnen selbst ausgehe, sieht er eine Gnade, die Gott den Avaren zutheil werden lasse; wer wage es da, sich dem Dienste des Heiles zu entziehen, nämlich dies Volk zu bekehren, welcher Diener Gottes dürfe sich von diesem frommen und löblichen Werke ferne halten! In diesem Sinne schreibt er an Arno und an Paulinus.[1]) Schon früher[2]) hatte er diesen zum Bekehrungswerke — wohl unter den Slaven — aufgefordert, wozu seine Stellung und das Beispiel Christi ihn aneifern müsse. Nun, nach dem Eintreffen der avarischen Gesandtschaft, bei Karl schickte Alcuin sofort ein Schreiben durch einen istrischen Bischof an Paulinus, auf das er aber keine Antwort erhielt; ebensowenig auf ein zweites Schreiben, das er kurz nachher durch Herzog Erich, der Alcuin besucht hatte,[3]) sandte. Nun schickte er einen dritten dringenden Brief[4]) an Paulinus, in welchem er das Bekehrungswerk unter den obwaltenden Umständen als Pflicht des Dieners Gottes hinstellt. Gerade auf Paulinus' Vorgehen in dieser Sache seien aller Augen gerichtet, der durch Weisheit und Ansehen seiner Würde, vor allem aber durch die Nachbarschaft der zu bekehrenden Gegenden zu diesem Werke ausersehen sei, das schwierig, aber durch den Beistand der göttlichen Wahrheit möglich sei. Paulinus möge nicht auch dies Schreiben unberücksichtigt lassen, damit er nicht in Bekümmernis ein viertesmal an ihn schreiben müsse. Man sieht hieraus, daß der Patriarch sich zunächst eher ablehnend gegen die Sache verhalten hat; vielleicht versprach er sich keinen Erfolg der Mission bei

---

[1]) Alc. ep. 107 (ad Arnonem), Epp. IV, 153 f. [Jaffé 64, VI, 301]; Alc. ep. 99 (ad Paulinum), Epp. IV, 143 [Jaffé, 56, VI, 285].

[2]) Alc. ep. 28 (ad Paulinum), Epp. IV, 69 ff. [Jaffé, VI, 162 ff.], jedenfalls bald nachdem Paulinus Patriarch wurde, geschrieben, da Alcuin besonders von dieser Würde spricht, von Avarenkriegen aber noch nichts erwähnt.

[3]) Der Besuch wird ep. 98, Epp. IV, 142 [Jaffé 55, VI, 283] erwähnt und ist ein Beweis, daß die Ann. Einh. ad a. 796, welche Erich die Schätze der Avaren ins Frankenreich bringen lassen, die richtige Nachricht haben gegenüber den Ann. Lauriss. (796), welche ihn dieselben schicken lassen. Was Abel-Simson II, 102 f. N. 2 dagegen anführt, hat mich nicht überzeugt.

[4]) Alc. ep. 99, Epp. IV, 143 f. [Jaffé 56, VI, 284 ff.], wo die Gesandtschaft und die beiden Briefe erwähnt werden.

diefem „rohen und unvernünftigen, ja blödfinnigen und der elementarften geiftigen Cultur baren Volke", wie fein Urtheil über dasfelbe lautet.[1]

Anders verhielt fich Arno, an den Alcuin, wie erwähnt, ebenfalls gefchrieben hatte. Am 25. Mai (796) erhielt diefer feine Antwort, in welcher Arno ihn feiner Theilnahme am Bekehrungswerke verfichert haben muß, da Alcuin freudig von deffen Antwortfchreiben fagt: „in quibus sicut ortavi, audivi; sicut speravi, agnovi".[2] Es war dies nur eine Confequenz des Werkes, welches die Salzburger Kirche in Karantanien begonnen hatte. Nun, nach der Unterwerfung des avarifchen Nachbargebietes, mußte diefes einer Organifation innerhalb des fränkifchen Reiches zugeführt werden, und erft jetzt konnten auch die Verhältniffe Karantaniens fich confolidieren, da für das= felbe mit der Vernichtung des Avarenreiches einerfeits die ftete Gefahr, anderfeits im Falle eines Abfalles vom Frankenreiche der Rückhalt genommen war. In diefem Momente lag es auch im eigenen Intereffe der Kirche, an der Organifation des zu chriftianifierenden Gebietes thätig mitzuwirken. Wollte daher Aquileia feine alten Anfprüche auf das Alpengebiet, die jetzt wieder Bedeutung erlangen konnten, nicht völlig an die Salzburger Kirche abtreten und nicht, indem es fich einer Aufgabe des Karolingifchen Staats= wefens entzog, in diefem an Bedeutung verlieren, fo mußte der Patriarch von Aquileia thun, was man, wie er von Alcuin wußte, von ihm erwartete. So zog Paulinus 796 mit König Pippin in das Avarenland.

Der Feldzug, welcher zur Vollendung der Unterwerfung unternommen wurde, ift unblutig verlaufen; dem Ringe wurde allerdings der Reft der Schätze entnommen und er felbft zerftört, aber auch hiebei fcheint Pippin nicht auf Widerftand geftoßen zu fein. Karl hatte dem langobardifchen Heere Pippins ein bayrifch=alemannifches entgegengefandt[3]), das fich mit jenem ver= einigte; bei diefem befand fich Arno. Alcuins Brief an denfelben[4]) bezweckt, ihm und feinen geiftlichen Begleitern[5]) möglichft jede Beunruhigung zu benehmen: „vestrum vero iter ad probandam rei veritatem (Bekehrungs= verfprechen) modo in praesentia dispositum est. Fortitudo vero exercitus, qui tecum vadit, ad cautelam et defensionem vestri directa est." Auch das Gedicht „de Pippino regis victoria Avarica"[6]) macht durchaus den Eindruck, daß kein Kampf ftattgefunden hat. Die Kriegspartei der Avaren

---

[1]) Alc. ep. 68, Jaffé VI, 314, welche die von Paulinus aufgezeichneten Bekehrungs= regeln enthält. (Diefes Schriftftück wurde in den Mon. Germ. nicht in die Abtheilung der Briefe aufgenommen, fondern für die der Concilien beftimmt. Epp. IV, 2 [Proemium].)

[2]) Alc. ep. 107, Epp. IV 153 [Jaffé 64, VI, 301].

[3]) Ann. Lauresham. SS. I, 37.

[4]) Alc. ep. 107, Epp. 153 f. [Jaffé 64 VI, 301 ff.]

[5]) „Bonos et religiosos tecum habes socios", ebenda p. 154 [J. 303].

[6]) Poet. Lat. aevi Carol. 1. 116 f.

war eben unterlegen, die Führer von ihren Volksgenossen getödtet, und ihre Anhänger jedenfalls geflüchtet. Der Tudun war wirklich in Aachen erschienen und hatte sich mit seinem Gefolge taufen lassen (796). Man hatte die Über=zeugung der völligen Unterwerfung. So schritt man daran, die Grundzüge für das Bekehrungswerk festzustellen.

Im Lager jenseit der Donau berief der damals 19 jährige König Pippin eine Versammlung von einigen Bischöfen, darunter, wie erwähnt, Paulinus und Arno, welche er mit einer Ansprache über einige zu berathende Punkte des religiösen Ceremoniells eröffnete.[1] Es ist kaum zu bezweifeln, daß er im Auftrage Karls handelte, wie ja auch Arno im Avarenlande von diesem Aufträge erhalten zu haben scheint.[2] Über die Berathungen besitzen wir ein von Paulinus verfaßtes Protokoll.[3] Ein solches liegt meiner Meinung nach vor, nicht ein Gutachten. Denn abgesehen von den Ausdrücken „requisitum est", „inventum est", „placuit", welche ja auch in einem Gutachten möglich sind, das bestimmt ist, nach seiner Annahme als Beschluß=Protokoll zu bienen, heißt es am Schlusse: „Paulinus . . . . horum venerabilium fratrum socius et auditor fui".[4] Demnach hat Paulinus als Mitberather und Ohrenzeuge der „in völlig freier Rückhaltlosigkeit der Vertraulichkeit"[5] gepflogenen „Unterredung"[6] deren Inhalt niedergeschrieben und ihm die abge=rundete Gestalt gegeben, welche das Protokoll leicht mit einem vor der Berathung verfaßten Aufsatze, einem Gutachten, verwechseln läßt. Es ist dies ferner nicht das vollständige Protokoll der Berathungen,[7] sondern nur der die Tauffrage betreffende Theil, wie aus den Schlußworten vor der Unterschrift des Patriarchen hervorgeht: „De his igitur ita satis dixisse sufficiat. Nunc autem *ad alia festinantes* ab his conpendiosius calami cuspitem suspendamus."[8] Die Berathung wendete sich also einem anderen Gegenstande zu, und vielleicht wechselte auch der Protokollführer. Wir haben sohin in diesem Protokolle ein Gutachten der Versammlung über die Tauf=frage, nicht aber ein bloß persönliches Gutachten des Patriarchen für die Berathung zu erblicken.

---

[1] Paulinus in Alc. ep. 68, Jaffé VI, 312. Von einem Vorsitze des Patriarchen, wie ihn Hauck: Kirchengesch. Teutschl. II, 423 behauptet, findet sich nichts; im Gegentheile wird man aus der Eröffnung durch Pippin auf dessen wenigstens formellen Vorsitz schließen können.

[2] „Quidquid tibi (Arnoni) demandet domnus rex facere, mihi demandare studeas." Alc. ep. 112, Epp. IV, 162 [Jaffé 70, VI, 323].

[3] Alc. ep. 68, Jaffé VI, 311 ff.

[4] Ebenda p. 318.

[5] „Indulta .. familiaritatis (praedictorum patrum) licentia ..", ebenda p. 312.

[6] „definitum .. est in superiore *locutione*", ebd. p. 313.

[7] So scheint Hauck zu meinen: „ein ausführliches Protokoll der Berathungen ist auf uns gekommen". Kg. T. II. 423.

[8] Protokoll: Alc. ep. 68, Jaffé VI, 318.

— 44 —

Die Grundzüge, welche in dieser für das Bekehrungswerk aufgestellt wurden, stimmen völlig mit dem überein, was Alcuin über dasselbe gegen Karl[1]), dessen Umgebung[2]) und Arno[3]) geäußert hat. Es entsteht daher die Frage, ob die Beschlüsse der Bischofsversammlung im Avarenlande nicht vielleicht eine Annahme der Vorschläge Alcuins seien, die ihr durch Arno, an welchen sie gesandt wurden, gemacht worden wären. Dieser erbat sich allerdings von ersterem seine Meinung über die Heidenbekehrung;[4]) da aber dieses Schreiben Arnos die bedeutendsten Ereignisse im Avarenlande als bereits geschehen voraussetzt,[5]) so ist es ausgeschlossen, daß ein Antwortschreiben Alcuins noch vor der Berathung, die nach dem Siege stattfand, an Arno gelangt sei. Wir haben in der Übereinstimmung der Ansichten Alcuins und der Bischofsbeschlüsse lediglich den Ausdruck einer gemeinsamen Überzeugung zu erblicken, welche jeder gebildete und der heiligen Schrift kundige Theologe jener Zeit theilte, die in Bezug auf die praktische Verwirklichung des Satzes: „Ite, docete omnes gentes, baptizantes eos in nomine Patris et Filii et Spiritus Sancti, docentes eos servare omnia quaecumque mandavi vobis", aus dem ungünstigen Verlaufe des Bekehrungswerkes bei den Sachsen belehrende Erfahrung sich geholt hatte.[6])

Ich gehe zur Besprechung des von Paulinus verfaßten Protokolles über. Nachdem er, wie oben[7]) gesagt, den Ort der Versammlung, die Eröffnung durch Pippin und die vertrauliche Besprechungsweise in derselben erwähnt hat, theilt er den Inhalt der Berathung mit. Man habe untersucht, wann principaliter und specialiter den Katechumenen die Taufe zu ertheilen sei, den Fall der Nothtaufe bei Todesgefahr ausgenommen, zu welcher auch Belagerung, voraussichtlicher Schiffbruch und Kerker gerechnet wird. Zwei Zeiten habe man als zulässig erfunden, Ostern und Pfingsten, was nun theologisch gerechtfertigt wird, wobei auch des dreimaligen Untertauchens erklärend Erwähnung gethan wird. Nun wird weiters untersucht, ob diese zwei Taufzeiten auch bei dem rohen, erst neu dem Christenthume sich zuwendenden Volke stricte anzuwenden seien. Hiebei

---

[1]) Alc. ep. 110, Epp. IV, 156 ff. [Jaffé 67, VI. 307 ff.]

[2]) Alc. ep. 111, Epp. IV, 159 ff. [Jaffé 69, VI, 318 ff.] (an Meginfried).

[3]) Alc. epp. 107, 112, 113, Epp. IV, 153 f., 162 f., 163 ff. [Jaffé 64, 70, 71, VI, 301 ff., 323 ff., 325 ff.] Die Übereinstimmungen mit dem Protokolle werde ich unten bei dessen Besprechung nachweisen.

[4]) Alc. ep. 112 a. a. O. p. 162 [J. 70, p. 324].

[5]) Magnis quoque me sollicitudinibus liberasti quia, quid in Avaria gestum est, mihi innotuisti. Ebenda p. 162 [J. 323].

[6]) „Decimae, ut dicitur, Saxonum subverterunt fidem." Alc. ep. 107, Epp. IV, 154 [Jaffé 64, VI, 302] (auch epp. 110, 111, 113 [J. 67, 69. 71]).

[7]) S. oben S. 43.

wird über das Volk der Avaren das schon früher citierte[1]) sehr abfällige Urtheil gegeben. Umsomehr müsse in Ansehung dieses Volkscharakters der Taufe eine Glaubensbelehrung vorangehen, wie dies der Herr ja vorschreibe, indem er zuerst spricht: „docete omnes gentes", dann erst „baptizantes eos", und hernach „docentes eos servare omnia quaecumque mandavi vobis". Paulinus — denn seine Überzeugung deckt sich ja wohl mit der Ansicht der Versammlung, welcher er die Worte leiht — stellt also folgende Reihenfolge für die Phasen des Belehrungswerkes auf: 1. Glaubenslehre, 2. Taufe, 3. Sittenlehre.[2]) Die Belehrung solle gütig und milde sein, die zu Belehrenden nicht mit Menschenfurcht erfüllen.[3]) Nicht der äußere Zwang der Gewalt, sondern die innere Nöthigung der Lehre wird also als das Entscheidende betrachtet: „ut ex desiderio animae suae expetierint salutem." Das ewige Leben und die ewige Strafe, nicht die Strafe des Schwertes soll ihnen geprebigt werden,[4]) freiwillig und nicht gezwungen soll ihnen das Sacrament der Taufe zutheil werden.[5]) Was die Zeit-dauer der dieser vorangehenden Belehrung betrifft, so soll sie im Ermessen des Priesters stehen je nach der Auffassungsgabe der zu Belehrenden; aber sie dürfe nicht länger als 40 Tage und nicht kürzer als 7 Tage sein. Für die Taufe selbst könne man bei der Belehrung der Menge schon wegen der geringen Zahl der Priester[6]) am Oster- und Pfingstsonntage allein nicht festhalten; vom Sonntage überhaupt dürfe nicht abgewichen werden excepta mortis causa. Sieben Tage hinburch bereite sich der zu Taufende unter

---

[1]) S. oben S. 42.

[2]) Auch Alcuin forbert die drei Stücke: 1. fides docenda, 2. baptismi sacramenta percipienda, 3. evangelica praecepta tradenda. ep. 111, Epp. IV, 160 [J. 69, VI, 320].

[3]) Die Forderung der Milde auch in

Alc. ep. 110 a. a. O. p. 158   [J. 67, VI, 308].

„ „ 111 „ „ „ „ 160 f. [J. 69, VI, 320].

„ „ 113 „ „ „ „ 164 [J. 71, VI, 329].

[4]) Besonderes Gewicht legt Alcuin auf die Lehre vom ewigen Leben. In ep. 110 [J. 67] betailliert er die Forderung der Glaubenslehre, indem er hiebei die Reihenfolge, welche der hl. Augustinus gibt, eingehalten wissen will (a. a. O. p. 158 [J. 310]). Zu lehren sei: 1. Unsterblichkeit der Seele, zukünftiges ewiges Leben und ewige Vergeltung; 2. wo-durch das ewige Verdammnis und ewige Seligkeit erlangt wird; 3. besonders sorgfältig die Lehre von der Trinität. Ankunft Christi in dieser Welt, Auferstehung, Himmelfahrt, Christi Wiederkehr als Richter aller Völker, Auferstehung der Leiber und nochmals ewige Verdammnis und ewige Seligkeit.

[5]) Vgl. Alcuin ep. 111 [J. 69]. Die Taufe ohne den Glauben nütze nichts; zur Taufe könne man jemanden zwingen, nicht aber zum Glauben, denn „fides res est voluntaria, non necessaria." Ebenso erklärt er sich ep. 113 [J. 71], beidemale auf Augustinus fußend (Epp. IV, 160, n. 1 und 164, n. 1 [Jaffé VI, 320, n. 2, und 327, n. 3]).

[6]) Dies wird auch durch Alcuin bestätigt, der ep. 111, Epp. IV 161 [J. 69, VI 322] Reginfried gegenüber äußert, König Karl habe nicht so viel Mithelfer am Werke Gottes, als nothwendig seien, wenn auch die besten.

Fasten und täglicher Belehrung vor, dann werde er mit dem heiligen Öle gesalbt, und am Sabbath=Abende die Wasserweihe vorgenommen. Der Vor= gang bei der Taufe selbst ist der, daß der Täufling zunächst seinen Glauben an die Dreieinigkeit bekennt, sowie dem Teufel und seinen Blendwerken (pompis) und der Welt mit ihren Scheinwerken entsagt. Dann spricht der Priester einmal die Taufformel: „Et ego te baptizo in nomine P. e. F. e. Sp. S." Hierauf erfolgt die dreimalige Untertauchung in das geweihte Wasser einer Quelle oder eines entsprechenden Gefäßes, worauf der Täuf= ling von seinem Pathen übernommen wird.[1]

Über die Taufe von Kindern äußert sich das Protokoll sehr kurz dahin, daß bei Säuglingen, ausgenommen den Fall der Nothtaufe,[2] an der Oster= und Pfingstzeit festzuhalten sei.

Dagegen erfährt die Frage, wie man sich zu den im Lande bereits erfolgten Taufen stellen solle, eingehende Berücksichtigung. Diejenigen, welche von Priestern des Landes — dies bezieht sich wohl hauptsächlich auf Karan= tanien — im Namen der Trinität getauft wurden, worauf sie durch Ab= legung ihres Glaubensbekenntnisses zu prüfen seien, dürfen nicht nochmals getauft werden. Desgleichen nicht diejenigen, welche von Clerikern, aber mit von einem Priester geweihtem Wasser im Namen der Trinität getauft wurden, was durch den Täufling selbst oder durch Zeugen zu erhärten sei. Aber sie sollen durch nachträgliche priesterliche Handauflegung aller Gnaden theilhaftig werden. Dagegen müssen diejenigen, welche von unwissenden Clerikern in das Wasser getaucht wurden, ohne Ablegung des Glaubens= bekenntnisses seitens des Täuflings oder ohne Aussprache der oberwähnten Taufformel seitens des Taufenden, oder unter Anwendung einer unvoll= ständigen Taufformel als ungetauft gelten. Denn das Wasser allein ohne den hl. Geist bewirke nicht Nachlaß der Sünden und geistige Heiligung, sondern nur körperliche Reinigung. Solche sind also nochmals zu taufen, wie auch der „magister et doctor gentium" die von Johannes mit bloßem Wasser Getauften nochmals taufen hieß.[3]

---

[1] Es ist zweifelhaft, ob dies sonst das vollständige Ceremoniale war, da Alcuin ungefähr 798, ep. 137, Epp. IV 214 [Jaffé 93, VI, 390] an die spanischen Mönche, davon abweichend, ein weit ausführlicheres mittheilt. Karl hat die Erörterung des Taufwesens später zum Gegenstande einer Preisfrage gemacht, deren Lösung wieder Aquileia beschäftigte, indem sie dem damaligen Patriarchen Maxentius gelang. Vgl. v. Zeißberg, Sitzber. d. Wr. Akad. ph.=b. Cl. 43, 361.

[2] Diese Ausnahme ist auch im liber diurnus (ed. Sickel), 6, 20 vorgesehen.

[3] Vgl. Alcuin ep. 110, Epp. IV, 158 [J. 67, VI 309], welcher der körperlichen Waschung durch die Taufe gar keine Wirkung zuschreibt ohne die vorherige Kenntnis des Glaubens bei dem im Gebrauche seiner Vernunft stehenden Menschen. Bei Kindern haben Erwachsene für sie die confessio fidei zu leisten.

Das waren die Grundzüge für das Bekehrungswerk, wie sie der Anschauung dreier der bedeutendsten Männer der fränkischen Monarchie entsprachen, hervorgehend aus der Bildung, Klugheit und gegenseitigen Anregung Alcuins, Arnos und Paulinus'. Karl selbst handelte in ihrem Sinne, indem er Milde gegen die Gefangenen walten ließ;[1] aber Zehnten wurden in der Folge eingehoben, und zwar in Kärnten ebenso wie in Pannonien.[2] Den Eifer zum Bekehrungswerke suchte er auch durch Gewährung materieller Vortheile zu steigern. So konnte Alcuin Arno noch vor dem Zuge ins Avarenland mittheilen, daß Karl ihm den dritten Theil der Zehnten von den zum Bisthum und Kloster gehörigen Orten zusichere, während ihm sonst nur der vierte Theil zufiel.[3] Von einer gleichen Begünstigung für Paulinus wissen wir nichts.

War der Plan, wie man bei der Bekehrung vorgehen wolle, von Paulinus und Arno gemeinsam festgestellt worden, so war doch eine Theilung des Gebietes für die Thätigkeit selbst nothwendig, gemäß den beiden Punkten, von welchen diese ausgehen sollte. Das war — abgesehen von noch zu erörternden Gründen — schon eine Forderung rationellen Vorgehens bei der geringen Zahl verfügbarer Kräfte. So hat man denn damals schon (796) die Draulinie als Grenze zwischen Salzburg und Aquileia verabredet.[4]

Damit scheidet auch unsere Betrachtung von der Thätigkeit Arnos in seinem Gebiete, um allein Paulinus auf dem seinigen zu folgen, soweit dies die kümmerlichen Nachrichten ermöglichen. Daß er in diesem nach der Berathung nicht längere Zeit verweilte, sondern bereits mit Pippin zurück-

---

[1] S. Alcuins ep. 118, Epp. IV 173 an Karl [Jaffé 76, VI, 342] und ep. 119, Epp. IV, 174 an Pippin [J. 77, VI, 342 f.]

[2] Hauck Kg. D. II, 426, N. 1 meint fälschlich, daß Kärnten bis zum 11. Jahrh. von Zehnten frei blieb; vgl. dagegen die Angaben Kaemmels, 228 f. N. 4.

[3] Alc. ep. 107, Epp. IV, 154 [J. 64, VI, 303]: „Tertiam vero partem de laboribus tuis per singula loca seu episcopatus seu monasterii concessit tibi rex in aelimosinam tuam tradere, si clerus tuus te prosequeretur in via. Et hoc indiculis coarmari praecepit." Die obige Interpretation dieser Stelle ist die v. Zeißbergs, Sitzber. d. Dr. Akad. 43, 328 u. N. 5, welche auch Huber: Öst. Gesch. I, 87 theilt. — Von den übrigen Auffassungen sind diejenigen, welche Karl einen Theil der Einkünfte aus den bekehrten Gegenden gewähren lassen, so Dümmler Arch. f. k. öst. Gesch.-Quellen X, 21, Rettberg II, 559, Büdinger I, 174, Riegler, Gesch. Bayerns I, 187, wohl deshalb nicht möglich, weil man ja, wie derselbe Brief Alcuins zeigt, von der Erhebung von Einkünften damals noch absah. Die Bewilligung eines Nachlasses von den Lasten der Kirche, welche Hauck II, 425, N. 1 darin sieht, widerspricht der Bestimmung, daß diese „aelimosina" = kirchl. Besitz (s. Du Cange, glossarium) in den Registern verzeichnet werden soll. Das deutet auf eine positive Einkunft, nicht auf einen negativen Gewinn durch Ersparnis.

[4] Der Beweis dafür im nächsten Paragraphen, in welchem die Organisation des Missionsgebietes und das territoriale Verhältnis Aquileias zu Salzburg besprochen wird.

lehrte, ist ganz gewiß.[1]) Doch wissen wir nicht, ob er noch einmal das Missionsgebiet bereiste. Sicher ist nur, daß von Aquileia aus Priester dorthin beordert wurden. Das Schreiben eines solchen, namens Blancibius, aus dem Avarenlande ist erhalten.[2]) Es wird von Sickel[3]) in die erste Hälfte des 9. Jahrhunderts gesetzt, und wenn auch Blancibius erst von einem Nachfolger Paulinus' entsandt worden sein sollte, so ist es doch nach den erwähnten Berathungen zweifellos, daß auch Paulinus selbst Priester zur Bekehrung entsandt hat. Und wäre Blancibius auch nicht ein Angehöriger des Sprengels von Aquileia, wie Büdinger[4]) meint, sondern, wie Sickel[5]) ausführt, mit Wizo oder Candidus, einem Schüler Alcuins, identisch, der sich bei Arno in Salzburg aufhielt, oder wäre endlich bei diesem Namen an keinen bestimmten Adressaten zu denken, wie Strakosch=Graßmann[6]) meint, so ist mit dem Schreiben dennoch die Anwesenheit von Priestern im Missionsgebiete Aquileias bewiesen, etwa Schülern Alcuins, welche Paulinus für sein Gebiet zur Verfügung gestellt worden wären.[7]) Eine bedeutende Schwierigkeit war es, Missionäre zu finden, welche der slavischen oder der avarischen Sprache mächtig waren.[8]) Man hat deshalb slovenische Übersetzungen religiöser Texte hergestellt. Davon haben wir ein Beispiel in den ältesten erhaltenen slovenischen Sprachdenkmälern, zwei Beichtformeln und einer Erbauungsansprache, welche aus dem Deutschen ins Slovenische übersetzt sind,[9]) also wohl von Salzburgischen Missionären stammen.

Von einer intensiven Bekehrungsthätigkeit Aquileias und speciell Paulinus' kann man nicht sprechen, und be Rubeis[10]) bezweifelt sie mit mehr Recht als Mabrisius[11]) sie behauptet. Freilich waren auch die äußeren Umstände dem Werke ungünstig geworden. Die Avaren brachen im Aufstande die gelobte Treue, und die Aufgabe, welche die fränkische Monarchie bei den Sachsen zu lösen hatte, nahm alle Kräfte des Reiches in Anspruch. So hat denn auch Arno, der viel freudiger als Paulinus an die Sache gegangen war und in Karantanien bei den Slaven günstige Erfahrungen gemacht hatte,

---

[1]) Da er im selben Jahre 796 noch die Synode in Cividale abhielt.

[2]) Handschrift der Hofbibliothek in Wien no. 966 fol. 1 a—5 b, neuestens abgedruckt in Epp. IV, 484.

[3]) Alcuinstudien I in Sitzber. d. Wr. Akad. ph.-h. Cl. 79, 543 f.

[4]) Öst. Gesch. I, 146.

[5]) Alcuinstudien, a. a. O. S. 539 ff.

[6]) Geschichte der Deutschen in Österr.-Ung. I, 430 N. 1.

[7]) Sickel a. a. O. S. 540.

[8]) „Idioma carens" nennt sich Blancibius, a. a. O. p. 484.

[9]) Den Nachweis hat Miklosič in den Dentschr. d. Wr. Akad. ph.-h. Cl. XXIV, erbracht. Vgl. Hauck: Kg. D. II, 426 N. 2.

[10]) Monum. Aquil. col. 368.

[11]) Paul. opp. p. XXX, col. 2, E.

das Bekehrungswerk bei den Avaren als erfolglos aufgegeben.[1]) Die Hoffnungen, welche Alcuin 796 gehegt hatte, waren nicht in Erfüllung gegangen. Bloß die untergehenden Reste dieses Volkes haben im ersten Jahrzehnt des 9. Jahrhunderts in ihrer Bedrängnis durch die Slaven bei Karl Schutz gesucht und sich bekehrt. Zudem erstand im Südosten des Reiches demselben ein neuer Feind, die Kroaten Liburniens und Dalmatiens, welche das Hinterland dieser byzantinischen Provinzen bewohnten, während in den Küstenstädten die Bevölkerung römischer Nationalität ansässig war.[2]) Ob der Krieg gegen die Kroaten nur eine Vertheidigung gegen ihre Einfälle war oder sich nicht vielmehr gegen Byzanz richtete, um das Hinterland der Seestädte in fränkische Gewalt zu bringen, ist nicht zu entscheiden. Die Führung desselben fiel natürlich dem Markgrafen von Friaul, Erich, zu. Im Verlaufe des Jahres 799, bei der Stadt Tersato, fiel er aber.[3]) Sein Tod wurde tief beklagt gleich dem Gerolds, des Präfecten Bayerns, der am 1. September desselben Jahres gegen die Avaren fiel.[4]) Paulinus hat in einem Trauergedichte Erichs Tod und Persönlichkeit verherrlicht.[5]) Sein Nachfolger Cadolaus unterwarf die Kroaten, welche 803 die fränkische Oberhoheit anerkannt zu haben scheinen.[6]) Von einer Missionsthätigkeit unter den Kroaten seitens Aquileias zu Paulinus' Zeit wissen wir durchaus nichts; erst Mitte des 9. Jahrhunderts ist in Dalmatien ein Missionär der Diöcese Aquileia nachweisbar.[7]) Das Land gehörte zur Metropole Spalato.[8])

So waren die Völker im Osten des Reiches von der Donau bei Wien bis zur Cettina unter fränkische Hoheit gebracht. Soweit sie für das Christenthum gewonnen wurden, ist dies vorwiegend nicht von Aquileia, sondern von Salzburg geschehen.

---

[1]) Alcuini ep. 184, Epp. IV, 309 [Jaffé 127, VI, 511] vom Jahre 799 an Arno: .Hunorum vero, sicut dixisti, perditio nostra est neglegentia; laborantium in maledicta generatione Saxone Deoque despecta usque huc; et eos neglegentes, quos maiore mercede apud Deum et gloria apud homines habere potuimus, ut videbatur."

[2]) Dümmler in den Sitzber. d. Wr. Akad. ph.-h. Cl. XX, 382.

[3]) Einhardi Vita Karoli c. 13; Versus Paulini de Herico duce Str. 8 u. 10. Poet. lat. I, 132.

[4]) Einh. Vita Karoli c. 13.

[5]) Vgl. über dasselbe unten cap. VI.

[6]) Dümmler a. a. O. Wr. Sitzber. 20, 385.

[7]) Dümmler ebenda, S. 394

[8]) Urkunde Lothars für Spalato vom 4. März 852 vgl. Dümmler a. a. O. S. 393.

B. Organisation des Missionsgebietes und territoriales Verhältnis Aquileias zu Salzburg.

Wir haben bisher die Grundsätze der Mission im Gebiete der Slaven und Avaren und den Gang derselben, soweit Aquileia daran Theil hatte, betrachtet. Stand auch Salzburg in jeder Beziehung im Vordergrunde, so ist dennoch der Wiedereintritt Aquileias in das Gebiet der Alpenländer von größter Bedeutung wegen der territorialen Auseinandersetzung, welche zwischen den beiden Kirchen stattfinden mußte, und die besonders auf die Besiedelung des Landes ihre Rückwirkung übte. Im wesentlichen bezeichnet die Grenze zwischen den beiden Metropolitangebieten, die Drau, auch die Grenze der deutschen Besiedelung, welche, vorwiegend von den Gütern der bayrischen Kirche ausgehend, naturgemäß an der Grenze derselben Halt machte.[1])

Bezüglich der politischen Organisation des Landes gilt seit Dümmler[2]) fast allgemein die Ansicht, daß Friaul, Istrien, Liburnien, Dalmatien mit Ausnahme der Seestädte, Karantanien und das südwärts der Drau gelegene Unter=Pannonien zur Mark Friaul gehörte, die Mark im Ostlande aber das Gebiet östlich von Bayern bis an den Wienerwald, Ober=Pannonien und das nordwärts der Drau gelegene Unter=Pannonien umfaßt habe.

Man betrachte die Divergenz, daß die südliche Mark (Friaul) sich weiter nach Norden erstreckt haben soll, als die zugehörige Diöcese (Aquileia), während die nördliche Diöcese (Salzburg) weiter nach Süden gereicht haben soll, als die zugehörige Mark (im Ostlande). Das in Frage kommende Gebiet ist beidentheils Karantanien nordwärts der Drau. Kaemmel[3]) hat den treffenden Satz ausgesprochen, daß die kirchliche Abgrenzung gewöhn= lich der politischen entsprach. Allerdings begann in den in Rede stehenden Gebieten ein neues Princip für die politische Eintheilung platzzugreifen, die Markenorganisation, geleitet von militärischen Gesichtspunkten, nach welchen Friaul sich als wichtigste Operationsbasis erwiesen hatte, während die kirchliche Thätigkeit im Gegensatze dazu hauptsächlich von Salzburg ausgegangen war, und die kirchliche Abgrenzung scheint der politischen hier vorausgegangen zu sein.[4]) Indes scheint mir dies keine genügende Erklärung jener auffallenden Divergenz zu bieten, besonders da noch einige andere Umstände dafür sprechen, daß die Drau auch die politische Grenze war und Nord=Karantanien zur Mark im Ostlande gehörte.

[1]) C. Kaemmel: „Die Anfänge deutschen Lebens in Österreich bis zum Ausgange der Karolingerzeit" S. 211.

[2]) Archiv f. k. österr. Geschichtsquellen X, 16.

[3]) A. a. O. S. 211.

[4]) Vgl. unten S. 51 ff.

Ist es schon auffallend, daß Chorbischof Deoderich im Jahre 799 ebenso wie in Unter=Pannonien so auch in Karantanien neben Arno von Gerold, dem Markgrafen im Ostlande, installiert wird, so ist folgender Umstand noch wichtiger. Im Jahre 861 wird Pabo von Karlmann seines Vorsteher=Amtes in Karantanien entsetzt.[1]) Er ist der letzte einer Reihe von drei bayrischen Vorstehern, welche an Stelle von vier slavischen Vorgängern treten, von welchen es heißt,[2]) daß sie den Markgrafen des Ostlandes in Ober=Pannonien untergeben waren. Somit ist Karantanien als Amtsbezirk dieser slavischen Šupane bezeugt, das also zur genannten Mark gehört.[3]) Da Pabo 861 der siebente in der Vorsteherreihe ist, so wird diese wohl vor das Jahr 828 zurückreichen, wo anläßlich der Auflösung der Mark Friaul etwa eine Zutheilung jenes karantanischen Gebietes an die nördliche Mark angenommen werden könnte.

Ich halte mich darum für berechtigt, anzunehmen, daß schon bei der Organisierung der Marken durch Karl im Jahre 803, welche bestehende, aber provisorische Zustände definitiv machte — völlig in Übereinstimmung mit der kirchlichen Abgrenzung — Nord=Karantanien[4]) der Mark im Ost= lande zugetheilt wurde.

Die definitive Abgrenzung der beiden Metropolen und die Bestimmung der Draugrenze wird nach der Urkunde Karls vom 14. Juni 811[5]) datiert. In Bezug auf diese Bestimmung besitzen wir aber Nachrichten, welche die Überzeugung aufdrängen, daß dieselbe schon im Jahre 796 getroffen wurde, und daß die Urkunde Karls nur frühere Abmachungen, welche durch Streitig= keiten in Frage gestellt wurden, fixierte, ohne eine neue Entscheidung in der Sache zu treffen. Die conversio Bagoariorum et Carantanorum[6]) berichtet, daß Pippin, von der Zerstörung des Avarenringes zurückkehrend, das Gebiet

---

[1]) Ann. St. Rudberti und Auctar. Gasstense, SS. IX, 770 und 565.

[2]) Convers. Bagoar. et Carantan. c. 10, SS. XI, 11.

[3]) Ich halte daher Kacmmels Ansicht („Die Anfänge deutschen Lebens in Österreich" S. 214 N. 2), der auch Huber (Gesch. Österr. I, 86 N. 3) beipflichtet, daß diese slavischen Šupane in Unter=Pannonien zu suchen seien, für irrig.

[4]) Die Zugehörigkeit von Karantanien südlich von der Drau zu Friaul beweist die Stelle der Ann. Einh. zum Jahre 819 (SS. I, 206), wo es heißt, daß Liudewit dem friauli= schen Markgrafen entgegenzieht „in Carantanorum regionem, quae ad ipsius curam pertinebat", und zwar „iuxta Dravum" — das kann im Sinne des Annalisten nur südlich der Drau sein. Die Stelle ist durchaus kein Beweis für die Zugehörigkeit von ganz Karantanien zu Friaul, wie Strakosch=Grassmann („Gesch. d. Deutschen in Österr.-Ungarn" I. 420 N. 1) sie auffaßt, da es einen festen Begriff „Karantanien" damals nicht gab (vgl. Büdinger, Öst. Gesch. I, 115), sondern nur karantanische, verschiedenen Šupanen unter= stehende Gebiete, von denen nur jener Theil in Rede steht, welcher in den Wirkungskreis des Markgrafen von Friaul gehörte.

[5]) Vgl. unten S. 53, N. 6.

[6]) C. G. SS. XI, 9.

um den Plattensee[1]) von der Raab bis an die Drau und diese entlang
bis zu ihrer Mündung in die Donau der kirchlichen Verwaltung des Bischofs
von Salzburg, Arno, unterstellt habe; diese Maßregel sei provisorisch gewesen
bis zur Genehmigung durch Karl, welche 803 erfolgt sei, als dieser sich in
Salzburg aufhielt. Daß er hier die pannonischen Angelegenheiten, d. h. wohl
besonders die Markeneintheilung ordnete, wird auch durch die Annales
Einhardi und Laurissenses zum Jahre 803 bestätigt. Hieburch erscheint
der Unterlauf der Drau schon im Jahre 796 als Grenze des Salzburger
Sprengels gegen Süden bestimmt. Es wird allerdings das Bedenken
geäußert,[2]) daß diese Bestimmung, welche sich mit jener der Urkunde von
811 deckt, von den Verfassern der conversio nur in frühere Zeit hinauf-
gerückt worden sei; allein ich glaube doch sie als thatsächlich erfolgt und
mit Huch[3]) als die Grundlage für die Abgrenzung ansehen zu dürfen,
wofür mir entscheidend scheint, daß wir noch eine Nachricht besitzen, welche
die Abgrenzung im Jahre 799 bereits als erfolgt voraussetzt. Es ist dies
die von der conversio[4]) gemeldete Einsetzung des Regionarbischofs Deoberich. Das ihm zur kirchlichen Obsorge zugewiesene Gebiet umfaßt Karantanien und dessen Nachbargebiete von der westlichen Drau, d. h. ihrem Ober-
laufe bis zu ihrer Mündung.[5]) Es ist offenbar, daß der Salzburger Sprengel
nicht über das dem Deoberich anvertraute, der directen Obsorge des Salzburger Bischofs zu entlegene Gebiet hinausreichte, sondern daß die Süd-
grenze des letzteren auch die des Salzburger Sprengels ist, als welche hier
die Drau in ihrem ganzen Verlaufe gemeint zu sein scheint. Diese Angabe
stimmt völlig mit der Zutheilung des früher erwähnten Gebietes an Salzburg durch Pippin überein, indem in beiden Fällen die Drau als Grenze
normiert wird. Man müßte also, wenn man im ersten Falle an ein zeitliches Heraufrücken der Abgrenzung denkt, dies consequenterweise auch im
zweiten Falle thun, d. h. die Einsetzung Deoberichs, welche die Draugrenze
nicht bloß in Pannonien, sondern auch in Karantanien bereits bedingt, auch)

---

[1]) Da es heißt „ultra Hrapam" (von Salzburg aus), so kann mit lacus Pelissa
nicht der Neusiedlersee gemeint sein; vgl. SS. XI, 9, n. 32.
[2]) Zeißberg, Sitzber. d. Wr. Akad. 43, S. 318.
[3]) Rg. Deutschl. II, 425.
[4]) C. 7. SS. XI, 10.
[5]) In Bezug auf die Interpretation der Stelle: „dederunt ... (Deoderico) regionem Carantanorum et confines eorum occidentali parte Dravi fluminis usque dum
Dravus fluit in amnum Danuvii" schließe ich mich vollständig der Auslegung Zeißbergs
an (Sitzber. 43, 325 N. 1), welche sie folgendermaßen auffaßt: „a parte occidentali usque
dum ... fluit", als geographische Apposition zu der ethnographischen Bestimmung, welche
vorhergeht. Die Coniectur aquilonari für occidentali (vgl. Anm. der Ausg. der Mon. Germ.,
sowie Klun in den Mitthlg. d. histor. Ver. f. Krain 1854, Januar-Heft, S. 10) scheint mir
überflüssig und nicht glücklich.

erst in spätere Zeit setzen,[1]) was aber unzulässig ist, da Gerold, der ihn begleitet, bereits im Herbste 799 stirbt.[2]) Da es nun doch unmöglich ist, daß diese Grenzbestimmung ein einseitiger, willkürlicher Vorgang Arnos gewesen ist, was besonders bei der für diese Zeit nachweisbaren Freund= schaft Arnos mit Paulinus von Aquileia[3]) undenkbar ist, so kann dieselbe nur auf einer gegenseitigen Vereinbarung beruhen, und es ist nur natürlich, sie in die Conferenz zu verweisen, welche unter Pippins Vorsitz bei. An= wesenheit Arnos und Paulinus' getagt hat.[4]) Daß daselbst nicht bloß über die Heidentaufe verhandelt, sondern auch andere Dinge in Berathung gezogen wurden, ist ganz sicher bezeugt durch die Schlußworte des von Paulinus verfaßten Protokolles: „nunc ad alia festinantes . . .“[5]) Übrigens mußte ja schon ein rationelles Vorgehen in der Bekehrung, wie es in der Con= ferenz beschlossen wurde, eine genaue Theilung des Wirkungskreises zwischen Salzburg und Aquileia fordern, welche wohl kaum ohne Gutheißung Pippins vorgenommen werden konnte. Daß nur die Zutheilung des Gebietes zwischen der Raab und Drau an Salzburg im Jahre 796 in der conversio besondere Erwähnung findet, ist nicht befremdlich, da dies doch das neu eroberte Gebiet war, und Salzburg in Karantanien längst schon kirchliche Thätig= keit ausgeübt hatte. Ferner ist auch der Charakter dieser Quelle zu berück= sichtigen, der es auf eine Klarlegung der Salzburgischen Rechte gegenüber slavischen Ansprüchen besonders in Pannonien ankam (vgl. Büdinger a. a. O., S. 151 f.).

Nach Paulinus' Tode mag über Einzelheiten der Abgrenzung Streit entstanden sein; die Urkunde Karls deutet eine Ursache zu solchem darin an, daß einzelne Güter Aquileias im Salzburger Sprengel lagen und umgekehrt, woraus leicht Mißhelligkeiten entstehen konnten, die, wie es scheint, auch die Basis der Vereinbarungen, die Draugrenze, in Frage stellten, indem von Seite Aquileias Patriarch Ursus, Paulinus' Nachfolger, Ansprüche auf die Metropolitanrechte über ganz Karantanien gemacht zu haben scheint.[6]) Ursus und Arno fanden sich vor Karl in Aachen ein, um

---

[1]) Dies hat aus dem angeführten Grunde Alois Huber: Gesch. b. Einführung b. Christenth. IV, 382 thatsächlich gethan.

[2]) Vgl. oben S. 49.

[3]) Vgl. Alc. ep. 157 und 186 Epp. IV 256 und 313 [Jaffé 106 und 126, VI, 440 u. 510].

[4]) Vgl. oben S. 43.

[5]) Vgl. ebenda.

[6]) Quelle hiefür wie für das Folgende ist die Urkunde Karls aus Aachen vom 14. Juni 811, bei Zahn: Urkundenbuch v. Steiermark I, 5. — In Bezug auf die Datierung derselben folge ich Sickel: Acta Karol. II, 294, K. 231, und Mühlbacher no. 448, welche die Datierung nach Kaiserjahren und Indiction, welche auf 811 führt, der nach Königs= jahren im Frankenreiche und in Italien, die auf 810 weist, vorziehen; so auch schon Ankershofen: Urkundenregesten z. Gesch. Kärntens im Arch. f. öst. Gesch. I, 3. Heft S. 3.

von ihm eine Entscheidung des Streites zu erwarten. Allein Ursus stark und sein Nachfolger Maxentius vertrat nun die Sache seiner Kirche vo Karl, indem er Aquileias Rechte auf Karantanien durch Synodalacten au der Zeit vor dem Langobardeneinfall, welche Suffragane aus Noricum auf wiesen, barthat,[1]) während Arno auf uns nicht mehr erhaltene Verfügungen und Bestätigungen der Päpste Zacharias, Stephan und Paul verwies.[2]) Kar bestimmte die Drau als Grenze beider Metropolitansprengel, indem er beide Rechtstitel anerkannte, den Aquileias wegen seines Alters, den Salzburgs wegen der Autorität der römischen Kirche. Jedoch sollte jede der beiden Kirchen ihre am fremden Ufer der Drau gelegenen Besitzungen behalten.

Es ist dies meiner Meinung nach die Anerkennung und definitive Fest= setzung des Zustandes, wie er thatsächlich seit der Organisation der Mission bestanden hatte, beruhend auf der Verfügung Pippins vom Jahre 796, die Karl bereits 803, allerdings nicht urkundlich,[3]) genehmigt hatte. Arno hat die Entscheidungs=Urkunde Karls später durch den Archidiaconus Adalram an Ludwig b. Fr. geschickt, der sie am 27. December 819 in Aachen bestätigte.[4]) Fortan blieb die Drau die Nordgrenze des Metropolitansprengels von Aquileia.[5]) Bis in die neuere Zeit gehörten die südlich der Drau liegenden tirolischen Pfarren Ampezzo, Tristach und Lavant zur Diöcese Aquileia,[6]) und St. Hermagor im Gailthale deutet schon durch den Namen seines Kirchenheiligen auf seine Zugehörigkeit zu Aquileia.

Dieser theilweise Wiedereintritt der genannten Metropole in ihre ehe= malige Stellung in den Alpenländern vollzieht sich unter dem Patriarchen Paulinus und findet seinen Grund und seine Grenze in der missionaren Auf= gabe, die dem Patriarchate dortselbst zufällt. Nach Paulinus' Tode, der das persönliche Freundschaftsband mit Salzburg löste, machte Aquileia weiter= gehende Ansprüche geltend, die auf seine Stellung zur Römerzeit gegründet waren. Neuerdings versuchte das italische Element, sich weit in die Alpen hinein geltend zu machen. Doch Karl, der Beherrscher der germanischen und romani= schen Welt,[7]) entschied für die Theilung des beanspruchten Gebietes zwischen

---

[1]) Zahn: Urkb. f. Steierm. I, 6. Über die Sache vgl. Hefele II² 914.

[2]) Jaffé-Ewald no. 2295 und no. 2366 sind nur aus der in Rede stehenden Urkunde Karls gefolgert.

[3]) Eine solche Urkunde müßte sonst in der Urkunde von 811 erwähnt werden. Sickel: A. K. II, 294, K. 231.

[4]) Die Urkunde bei Zahn I, 7. Sie schreibt ihre Vorlage von 811 wörtlich aus. Mühl= bacher no. 686. Es sei noch bemerkt, daß diese letztere auch der Passauer Fälschung vom 18. Nov. 829 als Vorlage diente; vgl. Mühlbacher no. 1303.

[5]) Es ist ein arger Zeichenfehler, wenn in Wiltsch' „Atlas sacer sive ecclesi= sticus" tab. III (Seitenkärtchen) diese Grenze die Save entlang läuft.

[6]) Tinthauser: „Topogr.=histor.=statist. Beschreibung der Diöcese Brixen" I, 6, A. 2.

[7]) „Rex Germaniae, Galliae atque Italiae" nennt ihn Alcuin ep. 110. Epp. IV. 157 [Jaffé 67, VI, 307].

der bayrischen und der italienischen Kirche, dem romanischen Elemente eine Grenze ziehend, welche zu erreichen ihm das Slaventhum nie gestattet hat.

Es mag befremden, daß ich der im Jahre 798 erfolgten Erhebung Salzburgs zum Erzbisthume und zur Metropolitankirche hier nicht besonders Erwähnung that. Allein für das Verhältnis zu Aquileia kommt dieser so bedeutende Umstand nicht speciell in Betracht, da Salzburg in den zuletzt in Rede stehenden Gegenden nicht mit einem Suffragangebiete an Aquileia grenzte, sondern mit dem eigenen Diöcesansprengel. Da, wo dies nicht der Fall war, nämlich wo das salzburgische Bisthum Saeben an das aquileische Bisthum Trient grenzte, da hatten sich in der Loslösung Saebens von Aquileia, wie oben gezeigt[1]) schon vor der Erhebung Salzburgs zur Metropole die Con-sequenzen der Umstände eingestellt, welche einen Zusammenschluß der bay-rischen Bisthümer forderten; die Idee Gregors II., die Schaffung einer bayrischen Metropole, hatte Aquileia gegenüber gewirkt, bevor sie noch Leo III. realisierte. Auch die Stellung Salzburgs gegen Aquileia im Missions-gebiete war schon vorher entschieden. Von diesem Gesichtspunkte aus habe ich die Erhebung Salzburgs zum Erzbisthume als nicht in den Rahmen dieser Abhandlung gehörig von einer eingehenden Betrachtung ausgeschlossen.

Fügen wir nun das im Alpenlande unter Paulinus der Kirche von Aquileia gewonnene Gebiet dem italischen hinzu, so ergeben sich als Grenzen der Metropole Aquileia zu Paulinus' Zeit:

Im Süden: die Lagunen der Abria gegen Grado, der Po gegen Ravenna;

im Westen: der Mincio gegen Mailand, der Landstrich westlich von der Etsch und die Passer[2]) gegen Chur;

im Norden: der Breibach bei Blumenau, und der Tinnebach bei Clausen gegen Saeben,[3]) die Drau gegen Salzburg;

im Osten ist die Grenze unbestimmbar, indem es sich nicht ermitteln läßt, ob das östliche, zwischen Drau und Sau gelegene Gebiet dem Patri-archate Aquileia oder der Metropole Spalato unterstand, welche sich bis an die Donau und bis Agram erstreckt haben soll.[4]) Die Abria erreichte die Grenzlinie an der Arsa in Istrien.[5]

---

[1]) Vgl. oben S. 28 f.

[2]) Huber: „Die Entstehung der weltlichen Territorien der Hochstifter Trient und Brixen", Archiv f. österr. Gesch. 63, S. 612 u. 625.

[3]) Huber: a. a. O. S. 627.

[4]) Vgl. Dümmler: „Über die älteste Geschichte der Slaven in Dalmatien", Wr. Sitzber. phil.-hist. Cl. XX, 380 f.

[5]) Nach unserer Annahme von der Zugehörigkeit Istriens zu Aquileia. Anderenfalls, d. h. bei Zugehörigkeit zu Grado, würde der Unterlauf des Isonzo die Grenze zwischen den Gebietstheilen der beiden Patriarchate gebildet haben.

IV. Capitel.

Paulinus' Antheilnahme an den dogmatischen Fragen seiner Zeit.

Wir sahen die Kirche von Aquileia und ihren Patriarchen im Dienste einer Aufgabe der Karolingischen Monarchie stehen, der Ausbreitung des Glaubens. Eine weit größere Thätigkeit hat Paulinus entfaltet, indem er Karl bei der anderen Aufgabe der Reinerhaltung des Glaubens unterstützte. Karl hat auch hierin sich zur obersten Entscheidung berufen gefühlt, wenn er sich auch mit dem Papste ins Einvernehmen setzte und dessen Rath einholte. Gelegentlich hat er doch entgegengesetzt entschieden. Drei Glaubens-fragen haben seine Regierung beschäftigt, zu allen dreien hat auch Paulinus Stellung genommen. Es sind dies der Adoptianismus, der Bilderstreit und der Streit über das filioque. Es ist selbstverständlich, daß diese hier nur soweit erörtert werden, als nothwendig ist, um Paulinus' Antheil und Stellung in denselben verstehen und darstellen zu können.

§ 1. Der Adoptianismus.

Als in Spanien unter der Nachwirkung des Arianismus sabellianische Irrthümer entstanden, welche sowohl den Unterschied der beiden Naturen in Christo verwischten, als insbesondere die Realität seiner menschlichen Natur in Zweifel zogen, erstand dagegen eine Reaction, die in ihrem Eifer nach der entgegengesetzten Seite zu weit gieng, indem sie behauptete, daß Christus seiner Menschheit nach nur Adoptivsohn, nicht wirklicher Sohn Gottes sei, wozu der in der mozarabischen Liturgie vorkommende Sprach-gebrauch des Wortes adoptio als gleichbedeutend mit assumptio, der sonst nicht gebräuchlich war, viel beitrug, indem die Adoptianer in der Bekämpfung der Adoption eine Leugnung der wirklichen Fleischwerdung des Gottessohnes erblicken mußten,[1]) während sie selbst von ihren Gegnern theilweise miß-verstanden wurden. So hat sich in Elipandus, Metropolit in Toledo, bei seinem Kampfe gegen den Sabellianer Migetius die christologische Anschauung festgesetzt, welche man den Adoptianismus nennt. Weiter ausgebildet und präcisiert hat dieselbe der Bischof Felix von Urgel, dessen Ansicht wir vor-wiegend aus den Schriften seiner Gegner Alcuin,[2]) Paulinus[3]) und Ago-

---

[1]) Die Identificierung von adoptio und assumptio stellt auch Paulinus den Ad-optianern aus, „Contra Felicem libri III,“ l. I, c. 22, Paulini opera (ed. Madrisius) p. 113.

[2]) „Libellus adversus haeresin Felicis,“ Alcuini opp. (ed. Froben) II, 759 ff. „Adversus Felicem libri VII,“ ebenda p. 789 ff. „Adversus Elipantum libri IV,“ ebenda p. 876 ff.

[3]) „Contra Felicem libri III,“ Paulini opp. (ed. Madrisius) p. 95 ff.

barb von Lyon[1]) kennen. Er geht bis zur völligen Trennung der beiden
Naturen in Christo bei Wahrung der Einheit der Person, bis zur Behauptung,
daß der gewöhnliche, zufällige Mensch Christus erst in der Taufe von Gott
nominell als Sohn adoptiert worden sei, womit der Adoptianismus bereits
auf dem Boden des Nestorianismus steht,[2]) wenn er sich dagegen auch
stets verwahrt hat. Möglicherweise haben die Ideen der Nestorianer, die
ja in arabischen Ländern häufig waren, auch in Spanien Eingang gefunden
und hier fortwirkend Antheil gehabt an der Entstehung des Adoptianismus.[3])
Derselbe erlangte zunächst in Spanien Verbreitung und Gegner; solche
waren Beatus und Etherius, die bei ihrer Widerlegung vorwiegend von
der Mission des Gottessohnes als des Erlösers und zweiten Adams aus-
giengen. Dadurch, daß Felix um 790 auf die Seite des Adoptianismus
trat, fand dieser auch im südlichen Frankreich Eingang; sein Bischoffitz Urgel
lag in dem Karl unterworfenen Theile Spaniens.

Damit war für Karl der Anlaß zum Einschreiten gegeben. Daß er
dies aber über Verwendung Papst Hadrians I. durch Einberufung der
Synode von Narbonne (788) gethan habe, ist besonders durch Hefele[4])
völlig widerlegt worden, da diese Synode, deren Existenz Größler[5]) für
nicht erwiesen hält, sich keinesfalls mit dem Adoptianismus beschäftigt hat.
Es ist unbekannt, wer Karl zu einer Action gegen denselben veranlaßt hat,
welche erst 792 stattfand.

A. Die Synoden von 792 und 794.

Nachdem Karl nach dem siegreichen Feldzuge des Jahres 791 gegen
die Avaren in Regensburg überwintert hatte, hielt er 792 daselbst eine
Heeresversammlung ab und berief im Anschlusse an dieselbe eine Synode, auf
welcher Bischof Felix sich persönlich verantworten sollte. Sie fällt wahrscheinlich in den Juli des genannten Jahres. Es versammelte sich eine große

---

[1]) „Adversus dogma Felicis Urgellensis ad Ludovicum imperatorem," Agobardi
opp. (ed. Baluzius) p. 6 ff.

[2]) Dies constatiert auch Paulinus: Contra Felicem l. I, c. 8, p. 104.

[3]) Vgl. Gams, „Die Kirchengeschichte von Spanien" II/2, S. 262 ff. Ich zähle hier
jene Werke auf, welche mir bei der Behandlung dieses Capitels besonders förderlich waren:
J. Bach: „Die Dogmengeschichte des Mittelalters" I, 102 ff.; K. Werner: „Geschichte der
apologetischen und polemischen Literatur der christl. Theologie" II, 433 ff.; C. J. Hefele:
„Conciliengeschichte" III², 642 ff.; H. Größler: „Die Ausrottung des Adoptianismus im
Reiche Karls d. Gr." (Jahresbericht ü. d. lg. Gymnasium zu Eisleben 1879); K. Werner:
„Alcuin und sein Jahrhundert" S. 52 ff. und Gams' oben citiertes Werk.

[4]) Conciliengeschichte III², 662 ff.

[5]) „Die Ausrottung des Adoptianismus im Reiche Karls d. Gr.", a. a. O. S. 45 f.
(Beweisführung III.)

Zahl von Bischöfen und Geistlichen unter Karls Vorsitz, welche die Recht=
fertigung des Bischofs von Urgel anhörten. Er wurde aber des Irrthums
überführt, seine Lehre verdammt, mehrere Schriften adoptianischen Inhaltes
verbrannt.[1]) Felix mußte auf das Evangelium schwören, in keiner Weise
seine Irrlehre zu erneuern, sondern stets bei dem orthodoxen Glaubens=
bekenntnisse, dem er nun zugestimmt hatte, zu verharren.[2]) Er hatte auch
selbst das Anathem gegen die Adoptianer mitunterfertigt.[3])

Die Acten der Synode sind nicht erhalten und wir sohin weder über den
Vorgang der Widerlegung des Felix, noch über die Theilnehmer an der Synode
unterrichtet. Gerade dies letztere ist aber für uns von großer Wichtigkeit,
weil sich daran die verschieden beantwortete Frage knüpft, ob Paulinus
dieser Synode anwohnte oder nicht. Seine Theilnahme erscheint mir jedoch
als eine zweifellose Thatsache. Es ist nothwendig, um dies zu beweisen, die
diesbezügliche Quellenstelle in ihrem Zusammenhange zu geben. „Adgredia-
mur ergo, divinis per omnia suffulti praesidiis, hunc pudoris inscium
virum, quem palaestrae iamdudum devictum certamini, gerendarum
rerum qualitas efficaciter certis adprobat documentis. Nunc autem
temerario ausu, nescitur cuius instinctu, rediviva reparare nititur
bella. Oblitus praeterea foederis iurisiurandi, quod cum Deo pepigerat,
candidis millium angelorum circumfusis catervis. Sed neque humanae,
ut puto militiae huic expectaculo defuit multitudo. Praesertim cum
in conspectu venerandi principis ventilaretur huiuscemodi controversia
quaestionis. Nam tactis sacrosanctis evangeliis, iureiurando protestatus
est, quemadmodum tunc temporis sincerissimae fidei exigente censura,
subpresso silentio obscurae obmutuit garrulitas disceptationis: nullius
unquam deinceps, nullo quolibet titulo quidam refragativo molimine
revolvere quaestionis; sed in ea, cui consenserat, fidei regula spopondit
se perpetua immutabilitate mansurum. In hoc quippe gymnasticae
disputationis conflictu contigit etiam humillimae nostrae parvitatis
personaliter praesentiam adfuisse.“ [4])

Also: Felix hat den Eid, den er in Gegenwart Karls auf die Evangelien
geschworen hatte, nachdem er in einer Disputation, bei welcher Paulinus

---

[1]) Die Quellenbelege für diese der allgemeinen Annahme entsprechende Darstellung
dieser Vorgänge will ich hier nicht wiederholen; man findet sie in Mühlbachers Regesten
no. 309 a und bei Abel-Simson II, 33 ff. Ich citiere nur Paulinus, wo er Quelle ist,
weil das in dieser Abhandlung zum Ausdrucke kommen soll; im Übrigen nur dann, wenn
ich von der bisherigen Ansicht abweiche, wie gleich im Folgenden.

[2]) Siehe die unten folgende Stelle.

[3]) Acten der Synode von 799 in Rom bei Mansi XIII, col. 1031; so fasse ich mit
Hefele III², 672 die Stelle auf gegen Simson II, 34, der Felix ein eigenes Schriftstück
verfassen läßt.

[4]) Paulini contra Felicem lib. I. c. 5, p. 102.

gegenwärtig war, des Irrthums überführt worden war, gebrochen. Auf welche Synode bezieht sich diese Stelle? Hefele[1]) sagt, Mabrisius habe bewiesen, daß nur die Synode von 792 gemeint sein könne. Das kann ich nun nicht finden, denn Mabrisius[2]) schließt: Die Synode von 794 könne es nicht gewesen sein, weil da Felix nicht anwesend war, und die von 799[3]) nicht, weil die Schrift des Paulinus, in welcher obige Stelle enthalten ist, vor dieser Synode, nämlich 796, geschrieben sei. Dies letztere ist aber nicht richtig und wird auch von niemandem mehr angenommen, sondern die Schrift ist erst nach der Bekehrung des Felix im Jahre 800 vollendet worden und erschienen, da sie von jener spricht und an ihrer Aufrichtigkeit zweifelt.[4]) Sohin bliebe trotz Mabrisius die Beziehung auf die Synode von Aachen möglich. Aber auf diese paßt die Stelle deshalb nicht, weil nach derselben Felix (wenigstens äußerlich) nicht mehr rückfällig geworden ist, Paulinus ihm daher nicht Eibbruch vorwerfen und sagen konnte: „*nunc rediviva reparare nititur bella*". Ferner spricht keine Nachricht von einem Eibschwure auf das Evangelium, den Felix auf der Aachener Synode geleistet hätte, sondern nur von dessen Widerruf, der erhalten ist[5]) und keinerlei eibliche Versicherung enthält. Größler[6]) behauptet, auf die Worte: „in hoc quippe gymnasticae disputationis . . . . personaliter praesentem adfuisse" gestützt, Paulinus' Anwesenheit in Aachen, ohne auf die Bedenken, die sich aus den damit enge zusammenhängenden vorherstehenden Sätzen ergeben, einzugehen, welche Simson durch die ganz verunglückte Argumentation zu zerstreuen sucht, daß Paulinus in seiner verspäteten Schrift, um dieselbe nicht zwecklos erscheinen zu lassen, gewissermaßen die Fiction aufrecht halte, daß der Gegner noch nicht bekehrt sei — oder er gestehe auch, daß Felix bekehrt sei, wolle ihn aber dennoch gründlich abfertigen, weil man keine Garantie gegen seinen Rückfall besitze.[7]) Der Inhalt der Schrift gegen Felix, sowie der Brief, mit dem Paulinus dieselbe an Karl sandte, schließen die Annahme einer solchen Fiction völlig aus.[8])

Sohin kann der geschilderte Vorgang und mit ihm die Bezeugung der Anwesenheit des Patriarchen nicht auf die Synode von Aachen, sondern

---

[1]) Conciliengesch. III[1] 672 f. A. 2.

[2]) Dissert. IV, § XXXIII, p. 217.

[3]) Über dieses Datum vgl. den nächsten Abschnitt.

[4]) „Certi necdum sumus de conversionis tuae lamentis", Paul. c. F. l, II. c. 9, p. 145; porro quia haereticus ille obmutuit, l. III, c. 16, p. 157.

[5]) Abgedruckt bei Migne: Patrologiae cursus, patr. Latin. 96, 883.

[6]) A. a. O. S. 28.

[7]) Abel-Simson II, 159 f., A. 3.

[8]) Vgl. darüber den nächsten Abschnitt.

nur auf die Regensburger Synode bezogen werden.[1]) Übrigens hat Karl daselbst für Paulinus zwei vom 4. August 792 datierte Urkunden aus= gestellt,[2]) was allein schon dessen Anwesenheit in Regensburg wahr= scheinlich machen würde. Es werden ihm Besitzbestätigung, Immunität, freie Nachfolgerwahl und noch einige Begünstigungen ertheilt zur Hebung der gelehrten Bestrebungen und für die erworbenen Verdienste. Halten wir dies damit zusammen, daß Paulinus von einer Disputation spricht, in welcher Felix überwunden wurde,[3]) so sind wir vielleicht berechtigt, die Vermuthung auszusprechen, daß Paulinus es hauptsächlich war, der hier Felix wider= legte und in Anerkennung dessen von Karl die erwähnten Privilegien erhielt, was auch dadurch an Wahrscheinlichkeit gewinnt, daß zwei Jahre später bei der Frankfurter Synode Paulinus das Gutachten der italienischen Bischöfe verfaßte. Er ist sohin der erste Gegner, der dem Adoptianismus im fränkischen Reiche erstand.

Trotz des Widerrufes, den Felix in Regensburg und hernach in Rom geleistet hat, wurde er, nach Spanien zurückgekehrt, wieder rückfällig. Be= sonders aber trat Elipandus für den Adoptianismus energisch ein, so daß dessen Anhängerzahl rasch wuchs. Ja, es wurde direct der Versuch gemacht, Karl für denselben zu gewinnen, indem die Bischöfe Spaniens an ihn ein Schreiben richteten, in welchem sie durchaus nicht demüthig auftraten, und schließlich Karl um Entscheidung zwischen ihrer Lehre und der ihres Gegners Beatus baten. Ebenso schrieben sie an die fränkische Geistlichkeit, indem sie ausführlich ihre Lehre darlegten und Prüfung derselben vor dem Könige verlangten. Karl sandte dieses Schreiben an den Papst,[4]) der seinerseits die an die Spanier gerichteten Entgegnungen, die auf einer römischen Synode

---

[1]) Daß Paulinus (c. Felic. l. I, c. 5, p. 102) bei der Schilderung des in Frage stehenden Vorganges den Eintritt tiefer Stille erwähnt und die Vita Alcuini (c. 7 Jaffé VI, 18 f.) dies bezüglich der Disputation auch hervorhebt, ist natürlich irrelevant. Wenn die Vita dies auch nicht aus Paulinus' Schrift entlehnt haben muß, so ist dies doch nichts beweisend, da es eben in der Versammlung des Jahres 792 wie in der anno 799 stille gewesen sein wird.

[2]) Bei Mabrisius p. 258 no. 3 (Mühlbacher no. 310) und bei de Rubeis: Mon. eccl. Aquil. col. 381 ff. (Mühlbacher no. 311).

[3]) Simson a. a. O. S. 159 f. A. 3 findet auch in dieser „Disputation" ein Argument für die Aachener Synode, weil dies auf die bekannte Disputation Alcuins mit Felix passe; allein es dürfte auch in Regensburg Felix sich verantwortet und seine Gegner ihm Ein= wendungen gemacht haben, also eine „Disputation" stattgefunden haben („haec eadem vestri erroris secta ... ventilata est in .. loco, qui dicitur Raiginis Burg", Alcuin adv. Elipand. l. I, c. 16, p. 882 [ed. Froben.]), und wäre Felix auf noch einigen Synoden persönlich anwesend gewesen, so würde auch da dasselbe geschehen sein. Dies paßt eben auf jede andere Synode ebenso genau wie auf die zu Aachen.

[4]) Epist. Hadriani ad episcopos Hispaniae bei Mansi XIII, col. 865, C, D.

besprochen und beschlossen worden waren,[1]) wieder an Karl schickte.[2]) Dieser berief nun aus allen Theilen seines Reiches eine Synode nach Frankfurt, die am 1. Juni 794 zusammentrat.[3]) Sie war ausgezeichnet durch die Anwesenheit zweier päpstlichen Legaten[4]) und versammelte eine große Zahl von Bischöfen, darunter die beiden langobardischen Erzbischöfe, Petrus von Mailand und Paulinus von Aquileia, mit ihren Suffraganen.[5]) Auch Alcuin wurde über Wunsch Karls der Synode zugezogen.[6])

Die Hauptquelle für die den Adoptianismus betreffenden Vorgänge auf der Synode ist der Patriarch Paulinus selbst, indem er seinen libellus sacro-syllabus mit einer Schilderung derselben einleitet.[7]) Nach dieser kam über Befehl Karls aus allen ihm unterworfenen Provinzen rasch eine Menge von Bischöfen zusammen. An einem bestimmten Tage wurde, während die Bischöfe saßen, indes die Presbyter, Diacone und übrigen Cleriker im Kreise herumstanden, in Anwesenheit Karls ein Brief des Elipandus in die Versammlung gebracht und auf Befehl des Königs verlesen. Darauf erhob sich dieser und sprach von den Stufen des Thrones aus über die Sache des Glaubens und befragte schließlich die Versammlung um ihre Meinung, indes er selbst sich dahin aussprach, daß jene Ketzerei, die im letzten Jahre sehr angewachsen sei und an den Grenzen seines Reiches bereits Eingang gefunden habe, auf jede Weise beseitigt werden müsse. Die Erzählung des Patriarchen läßt sich aus den Briefen Karls und der fränkischen Geistlichkeit an die spanischen Bischöfe ergänzen, indem Karl ihnen schreibt, er habe ihrer Bitte um Prüfung ihrer Schrift durch viele Richter und in seiner Gegenwart willfahrt; vor der ganzen Versammlung sei die Schrift von Anfang an vorgelesen worden, Absatz für Absatz, mit gleich daran schließender

---

[1]) Epist. Caroli Magni ad Elipandum et ceteros episcopos Hispaniae, bei Mansi XIII, col. 901, D.

[2]) Ebenda.

[3]) Ann. Mosellani SS. XVI, 498 und Capitulare 28, c. 1, LL. sect. II/₁, p. 73.

[4]) Ann. Lauriss. u. A. Einh., SS. I, 180 u. 181.

[5]) Welche von Paulinus' Suffraganen anwesend waren, ist nicht festzustellen. Über die unrichtige Behauptung, daß er auf der Frankfurter Synode als Metropolit Istriens erscheine und die damit zusammenhängende Identificierung von Hesperia mit Istrien s. oben S. 18 f.

[6]) Capitulare 28, c. 56, LL. sect. II/₁ p. 78.

[7]) Im Codex Anianensis des Chronicon Moissiacense, SS. I, 300 ff. ist dieser Theil des libellus sacrosyllabus fast wörtlich ausgeschrieben worden, wie Simson: „Die überarbeitete und bis zum Jahre 741 fortgesetzte Chronik des Beda" in Frschgn. z. deutschen Gesch. XIX, 129 ff. dargethan hat. Die dogmatische Formel, welche die Synode fixiert hat, und wie sie im Chron. Moissiac. und in den Ann. Lauresham., SS. I, 36 erhalten ist, stimmt mit dem libellus sacrosyllabus des Paulinus nur inhaltlich, nicht formell überein.

Discuſſion.[1]) Sohin fand alſo eine ausführliche Durchbeſprechung der Schrift ſtatt, nach welcher Karl erſt jene Worte ſprach, die den Zweck hatten, das endgiltige Votum der Verſammlung einzuholen. Dieſe erbat ſich nach Pau-linus' Bericht zur Fixierung desſelben eine Friſt, die Karl gewährte, indem er zugleich anordnete, daſs jeder an einem beſtimmten Tage ſchriftlich vor-bringe, was er an dem Schreiben der Spanier auszuſetzen habe. Dies geſchah in der Weiſe, daſs namens der italiſchen Geiſtlichkeit ein libellus und namens des germaniſchen, galliſchen, aquitaniſchen und britanniſchen Clerus ein zweites Schreiben verfaſst wurde, welche, mit den Unterſchriften aller Anweſenden verſehen und mit dem Briefe Hadrians und Karls ein-begleitet, an die Spanier geſchickt wurden, wie wir dies von Karl ſelbſt wiſſen.[2])

Wir haben es hier ſpeciell mit dem libellus sacrosyllabus[3]) zu thun: Paulinus ſpricht nach der erwähnten Einleitung von dem Schreiben der Spanier. In dieſem ſei vollſtändig Verwerfliches vermengt geweſen mit Behauptungen, die nicht zurückzuweiſen wären. Paulinus fügt hinzu „si dici licent"; konnte ja doch gegenüber den erwähnten Worten Karls und dem Briefe Hadrians eine objective Würdigung des Adoptianismus leicht miſsdeutet werden. Er will daher den Feinden des rechten Glaubens in Gemeinſchaft mit Petrus, Erzbiſchof von Mailand, und ſeinen Mitbiſchöfen als Streiter Chriſti mit friſchem Muthe entgegentreten. Paulinus ſucht nun den Adoptianismus aus der heiligen Schrift zu widerlegen, indem er das Weſen der Trinität erklärt, wie er es zwei Jahre ſpäter, auf der Synode zu Forumjulium, noch ausführlicher gethan hat.[4]) Insbeſondere betont er, daſs Chriſtus auch der menſchlichen Natur nach, wie er es der göttlichen nach iſt, Dei proprius nicht adoptivus filius iſt. Er hält den Adoptianern ihre Verwechſelung von assumptio und adoptio vor, und ihren zur Ver-wirrung führenden Sprachgebrauch, indem ſie Chriſtus eine Perſon aus drei Subſtanzen, ſtatt aus zwei Naturen nennen. Alle verkehrten Dogmen der Häretiker ſollen verdammt ſein mit ihren Urhebern Elipandus und Felix und dieſe aus der katholiſchen Kirchengemeinſchaft ausgeſchloſſen werden, wenn ſie nicht widerrufen und Buße thun. Dasſelbe werde allen geſchehen, welche ſich zu jenen Lehren bekennen. Dies habe die ganze Synode feſt-geſetzt unter Wahrung des päpſtlichen Vorrechtes Hadrians auf die Rechts-

---

[1]) „Per distinctiones uniuscuiusque sentcutiac et per interrogationes vel respon-siones, prout cuique libuit", ep. Caroli M. bei Manſi XIII, col. 902. D, E; ebenſo der Brief der fränkiſchen Geiſtlichkeit: „sub distinctione sentcntiarum et proprietate sen-suum", bei Manſi XIII, col. 884, B, C.

[2]) Ep. Caroli M. Mansi XIII, col. 901, D, E.

[3]) Paul. opp. p. 1 ff.

[4]) S. unten cap. V, § 2.

entfcheidung bezüglich aller Angelegenheiten. Noch einmal wird der Glaube an Chriſtus als in beiden Naturen wahren Sohn Gottes als Bekenntnis der Verſammelten aufgeſtellt. Daran knüpft Paulinus den Wunſch, daß Gott Karl über die Feinde Chriſti triumphieren laſſen möge, damit dieſen das Wort Gottes und die Taufe zutheil werde, und die Kirche ſich des Friedens erfreue; denn nicht Gott und der Welt, nicht zwei Herren könne dieſe dienen, ſie ſei Streiter nur im Lager des Herrn. Karl bekämpfe die weltlichen Feinde, die Kirche die geiſtlichen Feinde mit geiſtlichen Waffen.[1]) Dies iſt in kurzem der Inhalt des libellus sacrosyllabus.

Vergleicht man dieſe im Namen der italieniſchen Biſchöfe verfaſſte Abhandlung mit dem namens der fränkiſch-deutſchen Geiſtlichkeit geſchriebenen Briefe, ſo fällt außer dieſer Formverſchiedenheit vor allem der Umſtand auf, daß Paulinus' Widerlegung durchaus auf die Heilige Schrift gegründet iſt, während der erwähnte Brief hauptſächlich patriſtiſche Gründe ins Treffen führt. Andererſeits finden ſich Übereinſtimmungen in beiden, z. B. der Tadel wegen des Sprachgebrauches der Adoptianer über die drei Subſtanzen in Chriſto. Ob deshalb eine planmäßige Ergänzung der einen Schrift durch die andere anzunehmen iſt, wie Hefele[2]) meint, oder dies nur eine Folge der vorhergehenden ausführlichen Beſprechung iſt, muſs dahingeſtellt bleiben. Der Standpunkt der beiden Schriften iſt jedoch ein grundverſchiedener. Während die fränkiſchen Biſchöfe den Adoptianern vor allem entgegen= halten, man dürfe die göttlichen Geheimniſſe nicht verſtandesmäßiger Kritik unterwerfen und habe über das, was die Väter geſagt haben, nicht hinaus= zugehen, bringt Paulinus viel tiefer in das Weſen des Adoptianismus ein und widerlegt ihn direct aus der Heiligen Schrift, auf die auch jener ſich ſtützt.[3]) Der Ton der fränkiſchen Schrift iſt gemäßigter: die Spanier werden fratres genannt, die Aufforderung zur Ablegung ihrer Irrthümer hat die Form, daß im Schluſsbekenntniſſe die Spanier miteinbezogen werden (credamus etc.) Eine Verdammung iſt nirgends ausgeſprochen. Dies deutet, wenn nicht auf die Autorſchaft, ſo doch auf ſtarke Einfluſsnahme Alcuins hin, der ja ſpeciell, wie erwähnt, in die Verſammlung aufgenommen worden war und den gleichen Ton auch in Briefen Elipandus und Felix gegenüber geübt hat.[4]) Übrigens mag auch die ähnliche Haltung, welche Hadrian in ſeinem Schreiben zeigte, in dieſer Richtung beſtimmend geweſen ſein.

---

[1]) Über dieſen Schluſs des libellus sacrosyllabus ſ. in anderem Zuſammenhange cap. VI.

[2]) Conciliengeſch. III², 682.

[3]) Der histoire literaire de la France IV, 287 zufolge zeige ſich im lib. sacrosyll. eine Vermengung philoſophiſcher Erwägungen nach Ariſtoteliſchen Grundſätzen mit der Heil. Schrift.

[4]) So Alc. ep. 23 und 166, Epp. IV, 60 ff. und 268 ff. [Jaffé 30 und 115, VI, 211 ff. und 466 ff.]. Noch wahrſcheinlicher wird dies durch den Umſtand, daß gerade Alcuin in ſeinen Schriften gegen den Adoptianismus hauptſächlich auf den Kirchenvätern fußt. Vgl. Größler, a. a. O. S. 33.

Daß dieses Schreiben des Papstes der Synode vorlag und nicht als eine Bestätigung der etwa übersandten Synodal = Acten aufzufassen sei, scheint mir sehr wahrscheinlich. Die entschiedene, wenn auch nicht wörtliche Übereinstimmung des Schlusses des libellus sacrosyllabus mit dem Briefe Hadrians ist nach der Stellung der beiden Verfasser wohl eher durch eine Wiederholung der Worte des Papstes durch Paulinus als umgekehrt zu erklären. Wäre dieses erst nach Übersendung der Synodal=Acten erflossen, so wäre darin doch sicherlich der Acten und der Synode Erwähnung gethan worden. Dagegen ist es nicht von Gewicht, wenn Hinkmar von Rheims in einem Briefe an Karl den Kahlen[1]) erzählt, daß der Papst den Glauben und die Gelehrsamkeit des Beda, Paulinus und Alcuin sehr belobt habe, wie dies aus seinen Schreiben hervorgehe, welche aus jener Zeit stammen, in der die Synodalverhandlung betreffs des Felicianischen Unglaubens statt= fand und nach Rom geleitet wurde. Mißt man dieser Nachricht Bedeutung zu und nimmt an, daß mit der Synode die zu Frankfurt gemeint sei, so ist sie durch die Übersendung einiger Capitularien, welche das Nicaenum betrafen, mit dem sich die Synode ebenfalls befaßt hatte, und aus denen später die libri Carolini hervorgiengen,[2]) völlig erklärt. Das erwähnte Schreiben des Papstes an die Spanier, auf das es hier allein ankommt, enthält keinen der drei von Hinkmar genannten Namen und fällt nach dem Gesagten wohl vor die Abfassung des libellus sacrosyllabus.[3])

Daß Paulinus der eigentliche Verfasser dieses letzteren ist, geht deutlich aus den Worten hervor: „una cum . . . . Petro Mediolanensis sedis archiepiscopo cunctisque collegis . . . Ligurinae (etc.) respondere non formido",[4]) in welchen Erzbischof Petrus auf gleicher Stufe wie die übrigen Bischöfe Italiens erscheint, d. h., daß Paulinus auch in seinem Namen spricht. Daß er ihn speciell nennt, ist nicht auffallend, da Petrus als Metropolit Paulinus coordiniert war und höher stand als die anderen, und daher viel= leicht zugleich mit dem Patriarchen mit der Abfassung betraut wurde. Auch Karl nennt ihn in dem Briefe an die Spanier[5]) wohl aus demselben Grunde und sogar vor Paulinus als Kundgeber der Glaubensmeinung der italienischen Geistlichkeit. Indes gestatten die citierten Worte nur, Paulinus allein als den wirklichen Verfasser des libellus sacrosyllabus anzusehen.

---

[1]) Bei Flodoard: historia Remensis III, c. XV, SS. XIII, 505.
[2]) Vgl. darüber cap. IV, § 2.
[3]) Für irrig halte ich aber die Ansicht Mansis, XIII, col. 858 A, daß dieser Brief auf der römischen Synode des Jahres 792 entstanden sei, denn er setzt die Übersendung des Briefes des Elipantus seitens Karls an den Papst voraus, welcher aber erst 793 ver= faßt ist (s. Größler a. a. O. S. 57). Freilich wird man viele Gründe, die man 792 gegen Felix vorgebracht hatte, auch 794 wiederholt haben.
[4]) Lib. sacrosyll. § 1. Madris. p. 1.
[5]) Mansi XIII, col. 901 D.

Über die Zeit seiner Abfassung gehen die Meinungen auseinander. Leibniz[1]) meint, daß der Patriarch ihn schon in seiner Heimat gegen Elipandus geschrieben und in Frankfurt nur umgeändert habe. Derselben Ansicht ist Madrisius,[2]) welcher sie durch die doppelte Ausgabe dieses Werkes bestätigt findet, indem in der Basil. Henr. Petr. collectio[3]) Petrus von Mailand nicht erwähnt und Paulinus öfter im Singular sprechend eingeführt wird, während in der Ausgabe Labbé's, welche Madrisius wiedergibt, Petrus genannt wird und der subiective Singular fast verschwindet. Madrisius erblickt nun in der ersten Fassung die in der Heimat verfaßte Abhandlung, in der zweiten die entsprechende Umarbeitung derselben in Frankfurt. Dagegen ist einzuwenden, daß auch in ersterer die Beschreibung der Synode enthalten ist, so daß auch in dieser Fassung der libellus nicht in der Form vorliegen kann, wie ihn Paulinus etwa in seiner Heimat gegen Elipandus verfaßt haben könnte, was ja an sich möglich ist, aber nicht angenommen zu werden braucht, weil die gewährte Frist wie für das Schreiben der fränkischen Bischöfe, so auch für das des Paulinus genügte. Doch fällt mir noch ein anderer Unterschied zwischen den beiden Fassungen auf. Es ist zwischen die Worte, mit welchen im Falle des Verharrens im Irrthume Elipandus und Felix verdammt werden, und die, mit welchen den Anhängern derselben ein gleiches angedroht wird, in der Ausgabe Madrisius, beziehungsweise Labbé, eine Stelle eingeschoben, welche in der früheren Ausgabe fehlt.[4]) Sie enthält gütige Worte, welche die Hoffnung auf Rückkehr der beiden Irrlehrer in den Schoß der Kirche ausdrücken, wie dies auch in dem Briefe des Papstes geschieht.[5]) Wenn diese Varianten nicht in der Handschriften- filiation, der ich nicht nachgehen konnte, eine äußerliche Ursache finden, so läge vielleicht die Annahme nahe, daß einerseits die Erklärung vorliegt, wie sie Paulinus für die Versammlung verfaßte, andererseits dieselbe, wie sie, vielleicht im Sinne des Papstbriefes ein wenig verändert, als officielles Actenstück an die Spanier abgesendet wurde. Daß die letzte Fassung erst nach Verlauf der Synode erfolgte, geht, wie Simson[6]) bemerkt, schon aus den Worten hervor: „post hanc . . . definitionem, quam plenaria synodus . . . . terminavit".[7])

---

[1]) Leibniz: „Annales imperii occidentis Brunsvicenses" 1. Folge, I, 164.

[2]) Madrisius p. XXVIII, col. 1, § III.

[3]) Madrisius p. 8, col. 1, Note b. Diese Ausgabe erschien 1555; identisch mit ihr bezüglich des oben Gesagten ist die Pariser Ausgabe der Werke Alcuins (1617), die den libellus enthält; vgl. Madrisius a. a. O.

[4]) Da mir diese nicht erlangbar war, entnehme ich die Varianten den Angaben der so sorgfältigen Ausgabe von Madrisius.

[5]) Bei Mansi XIII, col. 872 f.

[6]) A. a. O. II, 74.

[7]) Lib. sacros. c. 13., a. a O. p. 7.

So war die zweite Synode, auf welcher im fränkischen Reiche der Adoptianismus verworfen wurde, ebenfalls unter hervorragender Betheiligung des Patriarchen Paulinus verlaufen, ein Zeugnis gebend für seine bedeutende Stellung im Reiche. Neben ihm tritt die fränkische Geistlichkeit, beziehungsweise Alcuin, wie ich vermuthe, in den Kampf gegen den Adoptianismus ein, der auch mit der Frankfurter Synode nicht beendigt war. Von nun an steht aber Alcuin im Vordergrunde; wir haben die Differenz in der Auffassung der adoptianischen Lehre seitens der beiden Männer bereits berührt,[1] welche allerdings nicht trennend, sondern im Gegentheile ergänzend wirkte. In der dritten fränkischen Veranstaltung gegen des Felix Lehre, in der Aachener Disputation, und in den orthodoxen Streitschriften tritt dies Verhältnis zu Tage. Es soll im folgenden Abjaße zur Sprache kommen.

Hier sei noch erwähnt, daß Paulinus auch auf der von ihm im Jahre 796 zu Cividale abgehaltenen Provincialsynode[2] Stellung nimmt gegen die Patropassianer, welche leugnen, daß der Gottessohn die Leiden des Menschensohnes leiden konnte,[3] und gegen die Adoptianer, welche die Person Christi in zwei Söhne, den wirklichen und den Adoptivsohn Gottes zerlegen, und daß Paulinus dies auch durch das aufgestellte symbolum fidei zum Ausdrucke bringt.

Nicht lange darnach stand der gelehrte Patriarch über Anregung Alcuins und Aufforderung seines Königs wieder im Dienste der Glaubenseinheit, derjenigen Reichsaufgabe, die er besonders gefördert hat.

B. Des Patriarchen Paulinus drei Bücher gegen Felix, Bischof von Urgel.

„Nunc iterum antiquus serpens de dumis Hispanici ruris . . . . . caput relevare conatur"; so schreibt Alcuin ungefähr 798 an den Patriarchen Paulinus.[4] Und in gleicher Weise, fast mit denselben Worten wie damals zum Bekehrungswerke,[5] fordert nun Alcuin Paulinus, der ja die geistige Kraft dazu habe, auf, mit einem Schleuderwurfe der Wahrheit auf den Goliath (Felix) das Keßerheer zu zermalmen. Auf ihn seien aller

---

[1] S. oben S. 63.

[2] Über diese s. unten cap. VI. § 1; über ihren sonstigen dogmatischen Inhalt die Ausführungen über den Streit betreffs des filioque S. 77 ff.

[3] Synodica bei Mansi XIII, col. 842: „qui divinitatem eius passibilem ausi sunt vlinguare. Die Patropassianer sind, wie die Randnote bemerkt, identisch mit den Sabellianern, also das Gegentheil der Adoptianer, deren Ansicht aber ebenso unzulässig erschien. Vgl. oben S. 56 f.

[4] Alc. ep. 139, Epp. IV, 221 [Jaffé 94, VI, 394].

[5] Alc. ep. 99, Epp. IV, 143 [Jaffé 56 VI, 284, ff.].

Augen gerichtet. So suchte Alcuin den erfahrenen Patriarchen, der sich als Gegner des Adoptianismus bewährt hatte, zum Bundesgenossen in dem erneuten Kampfe zu gewinnen, der ihm selbst als wichtigste Pflicht erschien. Felix verfaßte eine ausführliche Darlegung seiner Lehrmeinungen, welche er zu seiner Rechtfertigung nicht direct an Alcuin, sondern an Karl sandte, von dem jener sie erhielt. Alcuin schlug seinem Könige vor, ihm zur Widerlegung, zu der seine alleinige Kraft nicht hinreiche, Helfer an die Seite zu setzen, und bat, als Karl zustimmte, daß je ein Exemplar des libellus Felicianus an den Papst, den Patriarchen Paulinus, den Erzbischof von Trier, Richbodo, und den Bischof von Orleans, Theodulf, gesandt werde. Jeder solle einzeln bis zu einem vom Könige bestimmten Termine seine Meinung abgeben, und im Falle nicht entschiedener Übereinstimmung jener Schrift der Preis zuerkannt werden, welche sich am engsten an die Zeugnisse der heiligen Schriften anlehne.[1]) Deutlich erscheint hier wieder der traditionalistische Standpunkt Alcuins.

So erhielt nun Paulinus, wie wir von ihm selbst wissen,[2]) von König Karl den ehrenvollen Auftrag, eine Widerlegung der mit dem Briefe des Königs zugleich eingelangten Schrift des Felix zu verfassen. Gienge nicht aus dem ganzen Zusammenhange unzweideutig hervor, daß diese die Abschrift des erwähnten libellus Felicianus war, so wäre dafür der Umstand beweisend, daß Paulinus erwähnt,[3]) Felix nenne darin Christum „nuncupativum deum", und Alcuin von dieser Bezeichnung sagt, Felix habe sie in der erwähnten Schrift den früheren häretischen Behauptungen neu hinzugefügt.[4])

Karl wünschte durchaus eine Entscheidung in dieser Sache. Er veranlaßte Papst Leo III., in Rom eine Synode zu halten, auf welcher der Adoptianismus verdammt wurde; er schickte Bevollmächtigte aus, welche Felix nach Aachen brachten, wo er in einer Disputation mit Alcuin bekehrt werden sollte. Dies geschah denn auch, und Felix widerrief seine Irrlehre.[5]) Es ist hier nicht der Ort, darauf näher einzugehen: nur so viel sei bemerkt, daß ich die Art, auf welche Alcuin Felix widerlegte, aus einem Briefe des ersteren an eine junge vornehme Dame[6]) — ich denke wohl, eine

---

[1]) Alc. ep. 148 und 149, Epp. IV. 241 und 243 f. [Jaffé 99 und 100, VI, 420 und 424].

[2]) Paulini ep. ad Carolum regem. Epp. IV. 523 f. [Madrisius p. 95 ff.]

[3]) Ebenda p. 523 [Madr. p. 96 B].

[4]) Alc. ep. 148, Epp. IV 241 [Jaffé 99 VI, 420] und Alc. contra Felicem Urgellitanum episcopum liber I, c. 1, ed. Froben p. 789.

[5]) Ein Glaubensbekenntnis bei Migne 96, 883 u. im Auszuge in Alc. ep. 199, Epp. IV, 329 f. [Jaffé 139, VI, 535 ff.] Hievon hat auch Tandolo VII, 13, 8 (Muratori SS. XII, 149) Kunde erhalten, wie beiläufig bemerkt sei.

[6]) Alc. ep. 204. Epp. IV, 307 ff. [Jaffé 144 VI, 547 ff.]

Tochter Karls — schließe, wo eine lange Reihe von Fragen an einen Adoptianer und die Einwände gegen seine vermuthlichen Antworten gegeben sind „secundum artem dialecticam". Alcuin hatte bei der Disputation seine ausführliche Gegenschrift, die sieben Bücher gegen Felix, Bischof von Urgel, vor sich.[1]) Von Theodulfs Betheiligung wissen wir nichts, Paulinus war, wie sich zeigen wird, mit seiner Schrift damals noch nicht fertig. Die Bestimmung ihrer Abfassungszeit hängt bezüglich ihres Anfanges von der Datierung des libellus Felicianus, auf den sie eine Antwort war, ab, bezüglich ihres Endes und ihres Verhältnisses zu den Ereignissen von dem Datum der Disputation.

Die um diese gruppierten Ereignisse sind durch Alcuins Briefe zu der= selben in ein annähernd bestimmtes zeitliches Verhältnis gesetzt. Es kommt daher auf das Datum der Disputation an. Ein solches ist von Alcuin überliefert: „Felix, anno praefati gloriosi principis tricesimo secundo advocatus, voluntarie veniens ad Aquas palatium ibique in praesentia domni regis . . . auditur.[2]) Damit ist das 32. Regierungsjahr Karls, d. i. die Zeit vom 9. October 799 bis 8. October 800 bezeichnet, so daß die Disputation entweder, wie vielfach angenommen wird, Ende 799 stattfand, oder, wie dies auch Jaffé in der Ausgabe der Alcuinbriefe that, Mitte 800 anzusetzen ist. Daß dieser letztere Ansatz mit fast allen Daten, welche uns die Correspondenz Alcuins überliefert, in welcher diese Angelegenheit vielfach berührt wird, in Widerspruch steht, hat zuerst Nicolai[3]) bemerkt. Er widerlegte die Zulässigkeit des Jahres 800 und verlegte die Disputation nach eingehender Prüfung aller Umstände auf den October 798. Die oben citierte Stelle Alcuins hält er für eine später in den Text gerathene Rand= glosse. Seine Ausführungen acceptierte Hefele, ohne Kenntnis von einer inzwischen erschienenen Abhandlung Größlers,[4]) welcher, seinerseits wieder in Unkenntnis der Arbeit Nicolais, selbständig dazu gekommen war, eben= falls das Jahr 800 als mit den anderen Überlieferungen in Widerspruch stehend zu verwerfen, die Versammlung aber in den Mai oder Juni 799 setzte und das bei Alcuin stehende Datum durch ein Versehen desselben, entstanden infolge des verschiedenen Beginnes des Kalenderjahres und des Regierungsjahres, erklärte. Es erübrigte Größler also noch der Nachweis, daß man beim Verlassen des Jahres 800 nur auf den Juni 799 und

---

[1]) Alc. ep., 202 Epp. IV, 335 [Jaffé 142, VI, 545].

[2]) Alc. adversus Elipandum liber I, c. 16, ed. Froben I, 882.

[3]) „Über die Zeit des zu Aachen gegen Felix von Urgel gehaltenen Concils" in den „Annalen des histor. Vereines für den Niederrhein" 7. Heft, 1859, S. 78 ff.

[4]) „Die Ausrottung des Adoptianismus im Reiche Karls d. Gr." im Jahresbericht über das kgl. Gymnasium zu Eisleben 1879, S. 52 ff.

nicht auch wie Nicolai auf das Jahr 798 kommen könne. Es scheiut mir nun, dafs sich ein positiver Beweis für das Jahr 799 führen läfst, welcher sowohl das Jahr 800 wie 798 ausschließt.

Ich gehe von Alc. ep. 207 an Arno[1]) aus, datiert vom 26. Juni. In derselben findet sich folgende Stelle: „Tu vero prudenti consilio considera Dei omnipotentis voluntatem et honorem sanctae Dei ecclesiae: ut melior eligatur in caput ecclesiarum ordinis"; [2]) Jaffé und mit ihm Dümmler[3]) sieht darin ein Wortspiel, indem ordo gleichbedeutend mit gradus (Sitzrang im Theater) sei, und Alcuin also Grado meine, dessen Patriarch von den Dogen Venedigs ermordet wurde. Abgesehen davon, dafs diese Auslegung sehr gekünstelt ist, wenn sie Alcuin einen Theaterterminus über= haupt und ein Wortspiel gerade bei diesem Anlasse zumuthet, pafst sie auf Grado nicht, weil Karl da gar nicht in der Lage gewesen wäre, über die Missethäter eine Strafe zu verhängen, wovon Alcuin im weiteren Verlaufe des Briefes spricht, da die Dogen Venedigs Byzanz unterstanden. Zeißberg bezog daher, wie bereits erwähnt,[4]) jene Stelle auf das gegen den Papst am 25. April 799 verübte Attentat. Die Sache löst sich sehr leicht durch eine glückliche Conjectur Nicolais, welcher für „ordinis" orbis setzt,[5]) wo= durch die Stelle sich nur auf Rom beziehen kann. Alcuin konnte der Meinung sein, dafs der päpstliche Stuhl durch den Tod oder die Entsetzung Leos erledigt sei,[6]) und die Übertreibungen, welche die Klagen über Leo[7]) durch seine Gegner erfahren haben werden, erklären Alcuins Wunsch nach einem besseren Oberhaupte, welcher bei der Anwendung auf Grado un= begründet erscheint, ebenso wie der Umstand, dafs Alcuin die Ruchlosigkeit des Verbrechens besonders dadurch erhöht findet, dafs es „in tali persona et in tali loco et in tali tempore"[8]) begangen wurde, lauter Angaben, die eben nur auf das Attentat auf den Papst passen, der am Feste des heil. Marcus (25. April), als er in der Procession zur Kirche zog, überfallen wurde.[9])

Es scheint mir demnach nicht zweifelhaft, dafs Alcuin von diesem Ereignisse spricht und ep. 207 [J. 107] daher auf den 26. Juni des Jahres

---

[1]) Epp. IV, 343 ff. [Jaffé 147, VI. 557 ff.]

[2]) Ebenda p. 344 [J. 558 f.]

[3]) Epp. IV, 344 n. 2 und 3. [Jaffé p. 559, n. 1 u. 2.]

[4]) S. oben S. 24.

[5]) A. a. O. S. 85.

[6]) Die Gerüchte hatten die Sache ja noch vergrößert, wie sich dies auch in einzelnen Berichten zeigt. Vgl. Abel-Simson II, 168 ff.

[7]) Alc. ep. 184, Epp. IV, 309 [Jaffé 127, VI, 511].

[8]) Alc. ep. 207, Epp. IV, 344 [Jaffé 147, VI, 559].

[9]) Vgl. Abel-Simson II, 166 f.

799 fällt.[1]) In demselben Briefe aber sagt Alcuin: „cum Felice heretico magnam contentionem in praesentia domni regis et sanctorum patrum habuimus . . . . . Sed . . . . novissime falsa opinione se seductum confessus est et fidem catholicam se firmiter tenese fatebatur." Die Disputation und Felix' Widerruf ist also am 26. Juni 799 bereits vorüber, womit das Jahr 800 außer Betracht fällt. Der Anlaß zur Disputation, des Bischofs Felix libellus, wurde Alcuin, wie er wieder in demselben Schreiben sagt, priore anno, also 798 übersendet. Er bat damals, wie erwähnt, brieflich den König, daß mehrere Abschriften desselben versandt würden. Dieser Brief ist am 22. Juli — des Übersendungsjahres 798 — geschrieben.[2]) Hieburch wird der Zeitpunkt der Disputation zwischen diesem Datum und den 26. Juni 799 fixiert. Nun schreibt aber Alcuin in ep. 193 [J. 134] an Arno,[3]) daß dieselbe um Mitte Mai gehalten werden solle. Der Mai des Jahres 798 war nach dem Gesagten schon vorbei; es bleibt also nur das Jahr 799, u. zw. die Zeit von Mitte Mai bis Mitte Juni;[4]) sohin stimme ich also mit Größlers auf negativem Wege gewonnenem Resultate völlig überein.[5])

[1]) Lentz: „Das Verhältnis Venedigs zu Byzanz" (Berl. Differt. 1891), S. 25 ff. bezieht diesen Brief ebenfalls auf die Ermordung des Patriarchen Johannes, die er 798 ansetzt. Dabei ist es aber doch seltsam, daß Alcuin derselben erst Mitte 799 oder gar — wie Dümmler im Gegensatze zu seiner früheren Ansicht (N. Archiv XVIII [1893]) wieder meint (Epp. IV, 343 no. 207) — 800 als einer Neuigkeit Erwähnung thut. — Würde man also auch das Jahr 798 für die Ermordung Johannes zugeben, und die Bezugnahme von Alcuins Brief (no. 207 [J. 147]) auf dies Ereignis, so läge auch darin ein zwingender Grund, den Brief 799 und nicht 800 anzusetzen, womit der Gang unserer weiteren Beweisführung aufrecht bleibt.

[2]) Ep. 149, Epp. IV, 241 ff. [Jaffé 100, VI, 421 ff.] Das genaue Datum ergibt sich aus einer astronomischen Angabe Alcuins und der Kennzeichnung des Tages als eines Sonntages. (Epp. IV, 243, n. 4 und 244, n. 3.)

[3]) Epp. IV, 320 [J. VI, 525].

[4]) Damit stimmt das Itinerar Karls, in dessen Gegenwart die Disputation stattfand, völlig überein, indem derselbe im März 799 in Aachen weilte und noch im Juni daselbst nachweislich ist (vgl. Mühlbacher no. 339 a ff.).

[5]) Nicolai nimmt an, daß der libellus des Felix im Januar 798 an Alcuin gelangt sei, die Disputation für den Mai 798 anberaumt, aber nicht abgehalten wurde, und daß erst über die [mit ep. 100] im Juli erfolgte Bitte Alcuins auch der Papst und Paulinus in die Angelegenheit mit einbezogen wurden. Dagegen spricht der Umstand, daß Alcuin, gleich nachdem er den libellus erhalten hat (nuper), eine Entgegnung für nothwendig hält und den König bittet, ihm hiefür Genossen zu verschaffen (ep. 148, Epp. IV, 241 [Jaffé 99, VI, 420]) und auf des Königs Antwort diesem schreibt, u. zw. am 22. Juli 798 (ep. 149 [J. 100], vgl. oben Note 2), daß es ihn sehr freue, daß der König den Willen habe, jenem Werke entgegenzutreten, und nun auch die Genossen namhaft macht. Es erfolgt also dieser erste Schritt des Königs in dieser Sache bereits Mitte 798. Ferner sagt Alcuin schon in dem Schreiben an Arno, in welchem er von der im Mai stattfindenden Disputation spricht,

Bevor ich nun zu Paulinus' Schrift mich wende, sei bezüglich der Theilnehmer an der Disputation erwähnt, daß weder Paulinus noch Arno, deren Anwesenheit Alcuin sehr wünschte,[1]) unter ihnen waren. Was den letzteren betrifft, so hätte ihm Alcuin andernfalls die Abhaltung und das Resultat des Wortstreites nicht als Neuigkeit brieflich mitgetheilt.[2]) Die Behauptung, daß Paulinus selbst von der Disputation und seiner Theilnahme an derselben spreche,[3]) ist bereits ausführlich widerlegt und gezeigt worden,[4]) daß sich jene Stelle nur auf die Regensburger Synode von 792 beziehen kann. Es gibt also kein Zeugniß für seine Anwesenheit in Aachen, und der Umstand, daß seine Gegenschrift erst im Jahre 800 fertig wurde, macht dieselbe höchst unwahrscheinlich, da Paulinus sie wohl, wie Alcuin die seine, als Vorbereitung für die Disputation fertiggestellt und bei derselben als Hilfsmittel verwendet hätte.

Dies ist nun nicht der Fall, sondern er übersandte sie dem Könige mit einem Briefe,[5]) in welchem er zunächst auf den Anlaß seines Werkes zurückkommt, den Brief König Karls und den mitgesandten libellus des Bischofs Felix. Wie ihn der erstere mit großer Freude erfüllt habe, so der letztere mit ebensolcher Bitterkeit. Er erwähnt, daß Felix Christum neben adoptivus filius auch nuncupativus Deus nennt, was auch Alcuin besonders unangenehm aufgefallen war.[6]) Er habe, dem Auftrage des Königs gehorchend, die Entgegnung unternommen, dann aber, durch nothwendige Geschäfte unterbrochen, einen Aufschub verschulden müssen; aber auch jetzt nach dem Verstummen des Felix habe sein Werk einen Zweck für die Zukunft, nämlich einem Rückfalle desselben vorzubeugen und seine Anhänger zu bekehren. Auch sagt er mit Bezug auf das Bibelwort, er wolle nicht dreimal im Jahre leer vor dem Herrn erscheinen. Somit ist sicher, daß die Schrift erst nach dem Widerrufe des Felix fertig wurde, und da Paulinus die Tageszahl des Jahres, in welchem dies geschah, mit 366 angibt, so ist das Schaltjahr 800 für die Vollendung der drei Bücher gegen Felix

---

(ep. 194, Epp. IV 322 [Jaffé 135 VI, 528]) „utinam Paulinus noster carissimus pater veniat“. Dies setzt wohl jenen Brief vom Juli 798 (ep. 149 [J. 100]) voraus, in welchem Alcuin Paulinus in die Sache durch den König einbezogen haben will. — Folglich kann nur der Mai 799 gemeint sein. Damit stimmt, daß Felix in seinem Widerrufe (Alc. ep. 199, Epp. IV, 329 [Jaffé 139, VI, 536]) die römische Synode als nuper abgehalten bezeichnet (vor 25. April 799), die Übersendung seines häretischen Schreibens aber als dudum erfolgt nennt (vor Juli 798).

[1]) Alc. ep. 194, Epp. IV, 322 [Jaffé 135, VI, 528].
[2]) Alc. ep. 207, Epp. IV, 344 [J. 147, VI, 559 f.].
[3]) Paulini contra Felicem l. 1, 5, p. 102.
[4]) S. oben S. 58 ff.
[5]) Epp. IV, 522 ff. no. 17 [Madrisius p. 95 ff.].
[6]) Vgl. oben S. 67.

gesichert. Der Beginn derselben fällt frühestens in den August 798, da am 22. Juli dieses Jahres[1]) Alcuin den König erst bittet, dem Patriarchen eine Abschrift des libellus Felicianus zukommen zu lassen.[2]) — Paulinus bittet ferner den König, daß er sein Werk, das wohl nicht wertvoll, aber doch ein kleines Geschenkchen sei, seinem geliebten Alcuin zukommen lasse, da er nicht wisse, ob er ein zweites Exemplar fertigstellen könne.[3]) Er gibt keinen Grund an; man kann ihn in der Erwägung, daß er zwei Jahre darauf starb, vielleicht in Kränklichkeit oder Alter finden; allerdings haben wir sonst dafür keine Andeutung.

Die Schrift selbst ist in drei Büchern abgefaßt.[4]) Paulinus apostrophiert zunächst Felix, der als Greis bezeichnet wird.[5]) Dieser sei eidbrüchig geworden, obwohl er auf die Evangelien seine Häresie abgeschworen habe, wovon Paulinus selbst Zeuge war. Es bezieht sich dies auf die Ereignisse auf der Synode des Jahres 792. Doch auch die Bekehrung des Felix wird erwähnt, aber Paulinus zweifelt an ihrer innerlichen Wahrhaftigkeit und findet darin eine Berechtigung für seine eigene Schrift: „sed quia certi necdum sumus de conversionis tuae lamentis . . . restat ergo quatenus sequentia stili tui fidei ferventis exequamur calore."[6]) Ebenso setzen die Worte: „porro quia haereticus ille obmutuit",[7]) die Kenntnis von Felix' Widerruf voraus, und wenn er diesem zuruft: „Wehe, wehe Dir! wenn Du nicht durch das rechte Bekenntnis zur Erkenntnis Deines Schöpfers in Wahrheit zurückkehrst,"[8]) so ist das Gesagte wohl nicht mehr zweifelhaft. Von einer Fiction, daß Felix noch nicht bekehrt sei, um die Streitschrift nicht zwecklos erscheinen zu lassen, wie Simson[9]) sie annimmt, kann gar nicht die Rede sein; der Zweck der Schrift ist in dem Briefe an Karl klar ausgesprochen.

---

[1]) Vgl. oben S. 70.

[2]) Daher irren de Rubeis: Mon. Aquil. col. 393 f. und Madrisius p. 111., welche die Schrift 796 ansetzen. Ebenso auch noch Cipolla: „Fonti edite della storia della regione Veneta" in Monumenti storici publicati dalla R. Deputazione Veneta di Storia Patria, vol. III. ser. IV, Miscellanea, vol. II p. 14 n. 23, der Paulinus 796 damit beginnen läßt.

[3]) Diese Bitte (Epp. IV, 525 a) wird von Madrisius p. 168 den drei Büchern gegen Felix als Nachwort angeschlossen. Vielleicht hat sie noch zu dem Begleitbriefe selbst gehört.

[4]) Die Capiteldistinction und die Überschriften in Madrisius' Ausgabe p. 99 ff. rühren von diesem her.

[5]) L. 1, c. 15 (ed. Madrisius), p. 108.

[6]) L. II, c. 9, p. 145.

[7]) L. III, c. 16, p. 157.

[8]) L. III, c. 27, p. 167.

[9]) Vgl. oben S. 59.

Es fällt mir nun auf, daß die Stellen, welche von der Bekehrung
sprechen, sich, wie aus den Anmerkungen ersichtlich ist, im zweiten und
dritten Buche, nicht aber auch im ersten finden, und ich vermuthe daher,
daß dieses vor dem Juni 799, vor der Aachener Disputation, geschrieben
wurde, während jene nach dieselbe fallen.[1]) Es ist ja klar, daß Paulinus
in der Zeit vom Herbste 798 bis zu dem oben genannten Datum, in der
es noch galt, Felix zum Widerrufe zu bringen, an seiner Schrift gearbeitet
haben wird, wenn er sie auch nicht fertig brachte. Es ließe sich dafür auch
ein äußerlicher Grund anführen, daß nämlich das zweite und dritte Buch
zusammengenommen, an Umfang hinter dem ersten Buche zurücksteht. Die
Actualität der Sache hatte eben abgenommen. Auffällig ist auch, daß vom
sechsten bis zum zwölften Capitel des dritten Buches Paulinus nicht mehr
gegen Felix polemisiert, sondern in theologischen Erörterungen Christum
apostrophiert. Die Person des Felix, auf welche ursprünglich eingewirkt
werden soll, was im ersten Buche mit großer Heftigkeit geschieht,[2]) tritt in
den Hintergrund, und das Interesse an theologischen Fragen wird hie und
da Selbstzweck.

Deutlich tritt dies und die theologisch selbständig productive Denkungs-
weise des Patriarchen an einer Stelle hervor, die darum hier besonders
gewürdigt werden soll.[3]) Paulinus macht sich nach allen Richtungen die
Schwierigkeiten klar, welche folgende Stelle aus einem Briefe des
Apostels Paulus an die Korinther[4]) bietet: „cum tradiderit (Christus)
regnum Deo et Patri, et subiecta fuerint illi omnia, tunc et ipse
filius subiectus erit illi, qui subiecit ei omnia, ut sit Deus omnia
in omnibus." Er ruft den Apostel an, er möge ihm den Sinn der Stelle
erschließen, er bittet den Heiligen Geist um Erleuchtung und geht nun an
die Lösung. Es steht mir nicht zu und ist mir auch nicht möglich, über
den theologischen Standpunkt seiner Erklärung etwas zu sagen; aber dies
sei hier erwähnt, daß es den Eindruck tiefster Auffassung göttlicher Dinge
macht, wenn Paulinus das „Deus omnia in omnibus" dann erfüllt sieht,
wenn die Menschheit zum ausnahmslosen Gehorsam gegen Gott durch
ihre Entkörperung und Auferstehung in Christo gelangt ist, der hiedurch

---

[1]) Dadurch ist noch ein Grund mehr dafür beigebracht, daß die Stelle im 5. Cap.
des I. Buches, also im Anfange des Werkes, welche von dem Schwure des Bischofs Felix
handelt, nicht auf das Jahr 799, sondern nur auf 792 bezogen werden kann, indem sie
wahrscheinlich vor dem erstgenannten Jahre geschrieben ist.

[2]) L. I, cc. 6, 15, 21, 30, p. 103, 108, 113, 118. Bemerkt sei, daß Paulinus
hiebei auch das Bild von David, der den Goliath mit dem Schleuderwurfe tödtet, von
sich gebraucht, wie dies Alcuin in einem Briefe an Paulinus auf ihn anwendet. Vgl.
oben S. 66.

[3]) L. III, cc. 15—17, p. 156 ff.

[4]) I. Cor. 15, 24 ff.

alles, auch sich selbst als Repräsentanten der Menschheit, Gott unterwirft. Ich gebe im Folgenden in Kürze den dogmatischen Inhalt der drei Bücher gegen Felix.[1])

Paulinus nennt zunächst in einer dogmatisch=historischen Einleitung die hervorragendsten Häretiker in christologischer Beziehung bis auf Felix. Dieser folge theils dem Arius, theils dem Nestorius. Felix komme dazu, zwei Söhne annehmen zu müssen, den Sohn Gottes, welcher vom Himmel zur Erde stieg, und den Menschensohn, welcher dies nicht that, einen wirk= lichen Sohn Gottes und einen Adoptivsohn. Maria könnte, wenn Felix Recht hätte, nicht Gottesgebärerin genannt werden. Er verwechsle die Be= griffe adoptio und assumptio. Christus, der wirkliche Sohn Gottes, hat die menschliche Natur angenommen (assumptio), und wir sind durch ihn zu Kindern Gottes adoptiert worden, nicht er zum Sohne Gottes. Er ist das Haupt der Menschheit, das für die Glieder sorgt.[2]) Sein Leiden beweist seine wahrhaftige menschliche Natur; in Hinsicht auf diese, aber nicht seiner Person nach, steht er unter dem Vater. Christus ist der präbestinierte Sohn Gottes, was aber nicht im Sinne einer Adoption zu verstehen sei, sondern im Sinne der Heiligung durch den Geist, von welchem Christus als Mensch empfangen wurde, nachdem er vorher nur seiner göttlichen Natur nach existierte. Die Erniedrigung des Gottessohnes sei eine freiwillige, und er bleibe daher in ihr Gottessohn, und nicht sei als solcher ein niedriger, der Sünde unterworfener Mensch adoptiert und erhöht worden. — Paulinus weist nun im zweiten Theile des dritten Buches aus Stellen der Kirchen= väter die Richtigkeit seiner bisher aus der Heiligen Schrift und durch Dialectik gewonnenen Ergebnisse nach. Er citiert unter anderen auch die= jenigen, durch deren gewichtiges Zeugnis Felix, wie er selbst in seinem

[1]) Ich citiere hiebei nicht die einzelnen Capitel, da der Inhalt vielfach zusammen= gezogen erscheint. Bei dieser für einen Nicht=Theologen schwierigen Aufgabe haben mir die Inhaltsangaben von Bach: Dogmengesch. I, 121 ff. und Werner: Gesch. d. apologet. u. polemischen Literatur II, 441 ff. große Erleichterung gewährt.

Die Inhaltsangabe der theologischen Schriften des Patriarchen schien mir einerseits in diese Monographie seines Lebens gehörig, andererseits auch vom historischen Stand= punkte gerechtfertigt, da seine Werke in unmittelbarem, wirkungsvollen Zusammenhange mit solchen Ereignissen stehen, welche in jener Zeit nicht bloß die Theologen, sondern den König und die Reichsregierung beschäftigten.

[2]) Diese Auffassung erinnert an die Schrift der ersten Gegner des Adoptianismus in Spanien, an des Beatus und Etherius zwei Bücher gegen Elipandus, wo der Gedanke ausgesprochen wird, daß Christus, das Haupt, und die Kirche, der Körper, Eines seien. S. die Inhaltsangabe derselben bei Bach: Dogmengesch. I, 118 f. In der oben besprochenen Stelle erweitert Paulinus diesen Gedanken zu dem der Repräsentation der ganzen Menschheit durch Christus. Es ist nicht wahrscheinlich, daß Paulinus des Beatus Schrift gekannt hat; Alcuin kannte sie nicht. Vgl. Simson II, 63, N. 3.

Widerrufe bekennt,[1]) besonders seines Irrthums überführt wurde: nämlich Cyrillus,[2]) Papst Gregor d. Gr. und Papst Leo d. Gr. Auch Papst Damasus habe die adoptianische Häresie bereits in seinem Briefe an Paulinus von Antiochia verdammt. Felix verfälsche überdies Stellen aus den Vätern. Paulinus schließt sein Werk mit einem Gebete zu Christus.[3])

Vergleicht man diese Schrift mit der seines Freundes Alcuin,[4]) so verhält sie sich zu ihr, wie der libellus sacrosyllabus zur Erklärung der deutschen Bischöfe von 794. Erstere widerlegt vornehmlich direct aus der Schrift, letztere aus den Kirchenvätern. Paulinus geht näher auf die Voraus= setzungen der Adoptianer ein, Alcuin hält sich mehr an die traditionelle Auslegung durch kirchliche Autoritäten.[5]) Vielfach aber ergänzen und berühren sich die Ausführungen beider.

Als Alcuin die Schrift des Patriarchen kennen gelernt hatte, war er voll des höchsten Lobes über dieselbe. Er schreibt in einem Briefe an seinen Freund Arno, nachdem er vorher von Paulinus gesprochen hat: „Das Buch in Sachen des katholischen Glaubens, welches er dem Könige schickte, las ich durch; und es gefiel mir sehr in seiner Beredsamkeit, seiner gewählten Ausdrucksweise, seiner Glaubenseinsicht und dem Gewichte der Belege, so dass ich meinte, es sei nicht nöthig, dass dem über die zwischen uns und der Felicianischen Partei verhandelten Fragen noch etwas hinzugefügt werde. Und glücklich zu preisen ist die Kirche und das christliche Volk, so lange sie neben dem Könige auch nur einen solchen Vertheidiger des katholischen Glaubens haben.“[6]) Auch aus Paulinus’ Heimat, dem langobardischen Reiche, ist ein Lob seines Werkes auf uns gekommen: „Auch der Patriarch Paulinus,

---

[1]) Alc. ep. 199, Epp. IV, 329 [Jaffé 139, VI, 536].

[2]) Bei der Verwandtschaft des Adoptianismus mit dem Nestorianismus kam Cyrillus besonders in Betracht, der von Alcuin ep. 203, Epp. 337 [Jaffé 143, VI, 547] die Be= zeichnung des „fortissimi contra Nestorium militis“ erhielt.

[3]) Größler, a. a. O. S. 43 f., hat Paulinus’ Werk wohl zu wenig gewürdigt und sich mehr auf eine Auswahl von Stil-Curiositäten beschränkt.

[4]) „Adversus Felicem libri VII,“ Alc. opp. (ed Froben) II, 789 ff.

[5]) Vgl. Hauck: Kirchengesch. II, 275, Größler S. 32 f.

[6]) Alc. ep. 208, Epp. IV, 346 [Jaffé 148, VI, 562]. — Größler, a. a. O. S. 44 M. 3 glaubt das Lob Alcuins in fast gleicher Weise wie in dem Briefe an Arno auch in einem Briefe Alcuins an einen unbekannten Bischof zu finden, welchen Madrisius (p. 249) unter denen abdruckt, die er von Alcuin an Paulinus gerichtet glaubt. Dieser Brief, den Madrisius Mabillons Analecten entnahm, ist aber identisch mit ep. 208 [J. 148] an Arno. Die Varianten finden sich speciell in dem Codex lat. Monac. 14743 [ol. S. Emmerammi Ratisbon. 743], von Jaffé VI, 137 mit R bezeichnet, dessen Text Mabillon vorgelegen war. (Vgl. über diesen Codex Epp. IV, 4 f. Prooemium.) Von den 6 Briefen übrigens, welche Madrisius (p. 249) als von Alcuin an Paulinus gerichtet bezeichnet, ist keiner dies thatsächlich, sondern sie sind, wie aus Dümmlers Ausgabe ersichtlich ist, zweifellos an Arno adressiert.

ein Mann von wunderbarer Gelehrsamkeit, fertigte gegen diese nichtswürdige Ketzerei drei Bücher in glänzender Sprache an."[1])

Indessen ist Paulinus' Werk, wie es scheint, im 12. Jahrhundert, als der Adoptianismus sich wieder erneuerte, nicht bekannt; der Bekämpfer desselben, Gerhoch, der berühmte Propst von Reichersberg, citiert nur Alcuin.[2])

Mit den drei Büchern des Paulinus soll auch), wie vielfach behauptet wird,[3]) dessen regula fidei,[4]) ein versificiertes Glaubensbekenntnis, gleichzeitig entstanden oder mindestens erst mit jenen an Alcuin gelangt sein, eine Ansicht, welche sich darauf stützt, daß dieses Gedicht in dem codex lat. 2846 der Pariser Nationalbibliothek auf die drei Bücher folgt.[5]) Ich halte dies aus folgenden Gründen für unmöglich:

Alcuin lobt in einem Briefe an Paulinus[6]) dessen „libellus de symboli explanatione". Sind das die drei Bücher oder die regula fidei? Alcuins Brief muß vor Felix' Widerruf, also vor 799, abgefaßt sein, weil in ihm von den neu sich erhebenden Ketzereien in Spanien, gegen die er Paulinus aufruft, gesprochen wird. Dies trifft nur auf die Zeit vor 798 oder auf dies Jahr selbst zu, in welchem Felix' Schrift erschien.[7]) Damit ist der Bezug dieses Briefes auf die im Jahre 800 erscheinenden drei Bücher des Patriarchen ausgeschlossen. Aber auch der Inhalt des Schreibens zeigt deutlich, daß es sich nur auf die regula fidei beziehen kann. Alcuin sagt,[8]) daß des Patriarchen „fidei libellus" seinen Wunsch erfülle, daß das Glaubensbekenntnis, „in unam cartulam" zusammengefaßt, in alle Pfarreien gesendet werden könne, damit die Priester, wie er dem Könige dies gerathen habe, es auswendig lernen sollen, und daß diese Schrift ein für alle ungemein nützliches Werk sei. Dies zeigt doch zweifellos, daß nicht das umfangreiche dogmatische Werk, sondern nur die für einen praktischen Zweck verwertbare regula fidei gemeint sein kann. Diese ist also selbständig vor 798 entstanden. Erwägt man, daß Paulinus auf der Synode zu Cividale (796) es seinen Priestern zur Pflicht machte, in

----

[1]) Pauli continuatio Romana, SS. rer. Langob. 202 f.

[2]) Bach: Dogmengesch. II, 429.

[3]) Mabrisius p. III.; Leibniz: Ann. imp. I, 164; Ebert: Allgem. Gesch. d. Literatur des Mittelalters im Abendlande II, 91, A. 1; Dümmler: Neues Archiv IV, 114 und Poetae lat. I, 124; Abel-Simson II, 163, N. 4.

[4]) Poet. lat. I, 126 ff.

[5]) Dümmler, N. Arch. IV, 114.

[6]) Alc. ep. 139, Epp. IV, 220 ff. [Jaffé 94, VI, 392 ff.]

[7]) Vgl. oben S. 67. Da von Felix' Schrift nicht speciell gesprochen wird und erst von dem neuerlichen Erheben der Ketzerei die Rede ist, so kann der Brief möglicherweise auch 797 geschrieben sein.

[8]) Ep. 139 [J. 94] a. a. O.

bestimmter Frist das Glaubensbekenntnis, wie es auf der Synode firiert
wurde, auswendig zu können,[1] so wird man mit einiger Wahrscheinlichkeit
die Entstehung der regula fidei in Zusammenhang mit diesem Ereignisse
des Jahres 796 bringen.[2]

----

§ 2. Der Bilderstreit und der Streit über das »filioque«.

Diese beiden Fragen waren schon unter Pippin auf der Synode zu
Gentilly im Jahre 767 aufgeworfen worden, und der politische Standpunkt,
den das Frankenreich gegen Byzanz einnahm, war bei ihrer Beantwortung,
die der byzantinischen entgegengesetzt war, gewiß mitwirkend. Ebenso war
dies unter Karls Regierung der Fall, als 787 die griechische Synode in
Nicaea bestimmte, daß das Anathem über jenen verhängt werden solle, der den
Heiligenbildern nicht Dienst und Adoration erweise.[3] Ihre Beschlüsse wurden
Karl vom Papste in einer schlechten lateinischen Übersetzung mitgetheilt, was
noch dazu beitrug, daß fränkischerseits die griechische Ansicht, welcher der
Papst zustimmte, mißverstanden und umso schärfer verurtheilt wurde. Dies
geschah literarisch in den „libri Carolini" und in den ihnen zu Grunde
liegenden sogenannten Capiteln,[4] die an den Papst gesandt wurden, aber
auch in öffentlicher Reichsversammlung, auf der Synode des Jahres 794
in Frankfurt, welche den Adoptianismus verdammt hatte. Hier wurde den
Bildern Verehrung und Dienst abgesprochen, die nicaenische Synode verworfen.[5] Es ist dies umso auffallender, als ja zwei päpstliche Legaten
auf der Synode anwesend waren,[6] und den versammelten Bischöfen die
Stellung des Papstes zum Concil von Nicaea doch zweifellos bekannt war
oder durch jene bekannt werden mußte.

Man wird sagen dürfen, daß die germanischen und romanischen Bischöfe,
unter ihnen Paulinus, in dieser gegen den Papst oppositionellen Haltung
etwas wie eine fränkische Reichskirche darstellen mit ihren speciellen Interessen und Anschauungen, unter dem Könige als Oberhaupt stehend. Es
wurde dies von dem zeitgenössischen Clerus nicht als ein Übergriff des-

----

[1] Acten der Synode bei Mansi XIII, col. 844 f.
[2] Meines Wissens haben nur die Verfasser der schätzbaren Hist. litter. de la France
IV, 289 es betont, daß die regula fidei nicht zugleich mit den 3 Büchern verfaßt sei,
weil Alcuin in dem Briefe, in welchem er der ersteren gedenkt, nicht auch der letzteren
Erwähnung thue.
[3] Über den Bilderstreit im Abendlande s. vornehmlich Hefele III², 694 ff.
[4] Vgl. über dies Verhältnis Hampe: „Hadrians I. Vertheidigung der 2. nicänischen
Synode", N. Archiv XXI (1895).
[5] Capitul. 28. c. 2, LL. sect. II'₁, p. 73.
[6] S. oben S. 61.

selben empfunden oder gar als ein „Gewaltact", wie Harnack[1]) es nennt. Daß aber die Verwerfung der nicaenischen Synode der bekannte Haupt= zweck der Frankfurter Versammlung gewesen sei, wie Hauck[2]) meint, scheint mir nicht glaublich, und ich stimme hierin Ebner zu,[3]) welcher der Ansicht ist, daß die Sache den Legaten des Papstes und der Versammlung uner= wartet kam, und meine, daß das Gewicht der persönlichen Ansicht Karls für das Votum derselben entscheidend wurde. Paulinus tritt hiebei nicht speciell hervor, seine Meinung mag in derjenigen der Synode enthalten sein; aber auf seiner zwei Jahre später stattfindenden Provincialsynode hat er den Gegenstand nicht berührt, wiewohl er die beiden anderen Glaubens= streitfragen, den Adoptianismus und die Formel filioque, in die Verhandlung einbezog.[4]) In dieser letzteren Sache hat er ebenda die Initiative ergriffen.

Die Frage nach dem Ausgange des heiligen Geistes wurde in gleicher Weise wie die Bilderfrage im Gegensatze gegen die byzantinische Lehr= meinung auf der Synode zu Gentilly dahin beantwortet, daß der heilige Geist in gleicher Weise vom Vater wie vom Sohne ausgehe. Ebenso wurde sie auch in den „libri Carolini" literarisch firiert. Daß dies gleichzeitig auch von Alcuin in einer Schrift „de processione sancti Spiritus" geschehen sei, ist ein Irrthum Werners und Hefeles,[5]) da diese Schrift erst nach 800 abgefaßt ist, weil der Verfasser derselben in dem Briefe, in welchem er Karl mittheilt, daß er diese kleine Schrift auf seinen Befehl abgefaßt habe, jenen bereits mit dem Kaisertitel „serenissimus Augustus" anspricht.[6]) Übrigens gilt Alcuin nicht mehr als der Verfasser jener Schrift, weßhalb Dümmler[7]) das Einbegleitschreiben derselben aus den Briefen Alcuins ausschied.

Öffentlich gebraucht wurde die Formel „filioque" unter Karl zuerst auf der Frankfurter Synode; Paulinus hat sie im libellus sacrosyllabus, also in dem officiellen Gutachten der norditalischen Bischöfe angewandt, ohne jeden erklärenden Zusatz. Ob die Sache im Zusammenhange mit der

---

[1]) Harnack: Das karol. und das byzantin. Reich, S. 37. N. 1. Vgl. unten Cap. VI, § 1.

[2]) Kirchengesch. Teutschl. II, 297 f.

[3]) Recension von Haucks Kirchengesch. im Histor. Jahrbuch der Görresgesellschaft XII (1891), S. 556, N. 1.

[4]) Die Vita Paulini von M. A. Nicoletti (bei Madrisius p. LVIII, § VIII) ver= zeichnet die Nachricht, daß Paulinus über den bilderfreundlichen Beschluß des nicaeni= schen Concils sehr erfreut gewesen sei und in seiner ganzen Diöcese Danlgebete angeordnet habe. Das sieht nicht wahrscheinlich aus; man wird nach dem Obigen höchstens behaupten dürfen, daß seine Haltung gegenüber dem Frankfurter Beschlusse eine reservierte war.

[5]) Werner: Gesch. d. polemischen und apologetischen Literatur III, 7; Hefele: Con= ciliengesch. III², 749 f., wo ausführlicher über den Streit über das filioque gehandelt wird.

[6]) Alc ep. 242. Jaffé VI. 779 f.

[7]) Epp. IV, 2, Prooemium.

Bilderfrage, in welchem sie auch in den „libri Carolini" behandelt wird, damals bereits zur Sprache kam, ist nicht zu ermitteln; aber höchst wahr= scheinlich hat bei dieser Gelegenheit der Patriarch dem Könige das Ver= sprechen gegeben, über die Trinität zu einer klaren Darlegung das Wort zu nehmen. Er erwähnt dieses Versprechen auf der Friauler Synode, wo er es auch hielt.[1])

Im Verlaufe seiner Anrede an diese setzte er auseinander, wie das Concil von Nicaea betreffs des heiligen Geistes einfach den Glauben an diesen statuiert habe, wie aber das Concil von Constantinopel durch Häresien gezwungen wurde, nicht willkürlich Neues hinzufügend — wogegen auch Paulinus sich verwahrt — sondern im Sinne des Nicaenum erklärend einzuschalten: „qui ex Patre Filioque procedit".[2]) Denn da es heiße: „Wer mich sieht, sieht auch meinen Vater", und: „Ich bin im Vater und der Vater in mir", da also der Vater untrennbar und der Substanz nach im Sohne sei, und dieser in ihm, so müsse der heilige Geist, indem er vom Vater ausgehe, in gleicher Weise auch vom Sohne ausgehen[3]) (filioque). Paulinus weist hierauf in einer Reihe insbesondere auf die Taufe bezüg= licher Stellen des Evangeliums die Einheit der Trinität nach, und wendet sich gegen jene, welche jede der göttlichen Personen gesondert bekennen, also nicht eine göttliche Welturjache, die Trinität, von Ewigkeit her seiend, sondern drei principia bekennen.[4]) Die falsche Auffassung des Verhältnisses der drei göttlichen Personen zu einander besprechend, weist er, wie schon erwähnt,[5]) die adoptianistische Ansicht zurück.

Er stellt nun das symbolum selbst auf, und zwar das nicaeno= constantinopolitanische mit dem filioque, im Gegensatze zur römischen Übung, welche betreffs des heiligen Geistes an der nicaenischen Formel festhielt. Darauf folgen Erläuterungen über das Wesen der Trinität, besonders den Ausgang des heiligen Geistes und das Verhältnis der Naturen in Christo.[6]) unter nachdrücklicher Betonung des Umstandes, daß er nicht ein unerlaubtes neues Glaubensbekenntnis aufstelle, sondern nur das, was sich darin für einzelne dunkel erwiesen habe, deutlicher erkläre.

Wir wissen nicht, welchen Eindruck das energische Eintreten des Patriarchen für diese abendländische, der morgenländischen entgegengesetzte Auffassung der Sache gemacht hat. Acut wurde diese erst durch einen äußeren Anlaß im Jahre 809; die Gesinnung des Papstes erfahren wir

---

[1]) Acten des Concilium Foroiuliense bei Mansi XIII. col. 835 ff.
[2]) Mansi XIII, col. 835 f.
[3]) Mansi XIII, col. 837.
[4]) Mansi XIII, col. 842.
[5]) S. oben S. 66.
[6]) Mansi XIII, col. 843.

durch die römische Synode von 810, auf welcher er die Lehre billigte, aber die unbefugte, nicht von der römischen Kirche ausgehende Einschaltung des filioque in das symbolum verwarf.[1]) — Es sei erwähnt, daß auch in dieser Streitfrage im 12. Jahrhunderte Gerhoch von Reichersberg in seiner Schrift „de investigatione antichristi" denselben Standpunkt vertrat, wie Paulinus und bald nach ihm literarisch Alcuin und Theodulf.[2])

Überblickt man Paulinus' Thätigkeit auf dogmatischem Gebiete, so ist sie entschieden bedeutend zu nennen. Wohl hat er hierin literarisch weit weniger zu Tage gefördert als Alcuin; aber seine Bedeutung liegt darin, daß er an der Lösung der dogmatischen Fragen seiner Zeit, die von reichswegen angestrebt wurde, praktisch als erster sich betheiligte, so in Sachen des Adoptianismus 792 in Regensburg, in Sachen des filioque 796 in Civibale, oder, wenn man will, schon 794 in Frankfurt, wo er ja eine so bedeutende Rolle innehatte. Diese hervorragende Mitwirkung seines theologischen Wissens gerade bei den Entscheidungen mag sein Ansehen als das eines bedeutenden Theologen noch erheblich gesteigert haben, so daß Alcuin in wichtigen Momenten sagen kann, aller Augen seien auf ihn gerichtet,[3]) und ihn von allen auftauchenden Zweifeln, die ihm zu Ohren kommen, sofort unterrichtet.[4]) Paulinus ist wohl versiert in den Kirchenvätern, aber seine Widerlegungen stützt er hauptsächlich auf die Heilige Schrift. Was gegen ihren Wortlaut und eine logische Auslegung derselben verstößt, weist er zurück; eine bloße Widerlegung aus den Kirchenvätern würde ihm kaum genügt haben; er zieht sie heran zum Beweise, daß die heiligsten und bedeutendsten Männer die Schrift nicht anders auslegten als er. Er haftete nicht ängstlich am todten Buchstaben, das Wort hatte für ihn lebendigen Sinn und Absicht, die er ergänzend herausentwickelte, wenn sie ihm verkannt erschien. Den Kampf gegen die Häretiker faßte er als Aufgabe seiner Stellung auf: „necessarium tamen existimo omnibus Christianis cunctisque fidelibus, *maxime apostolicis viris* contra hostes eius fidei armis dimicare."[5])

---

[1]) S. Hefele und Werner a. a. O.
[2]) Vgl. Bach: Dogmengesch. II, 505 ff.
[3]) Alc. ep. 139, Epp. IV, 122 [Jaffé 94, VI, 395].
[4]) Ebenda p. 221 [J. 394 f.]
[5]) Libell. sacrosyll. c. 2, Madrisius p. 2.

V. Capitel.
Innere Verhältnisse des Patriarchates von Aquileia.

§ 1. Besitzverhältnisse.

Die enge Verbindung von Staat und Kirche im Karolingischen Reiche hat beide wesentlich gefördert. Für die letztere resultierte aus derselben Vermehrung des Besitzes durch Schenkungen und eine gewisse Autonomie desselben durch die Immunität, in organisatorischer Beziehung aber die allseitige Einsetzung und Befestigung der Metropolitanhoheit über die Suffraganbischöfe,[1]) sowie im einzelnen die Unterstützung der Staatsgewalt bei der Durchführung canonischer Bestimmungen. Dies gilt wie im allgemeinen, so auch im besonderen von der Kirche von Aquileia.

Eine Feststellung der Besitzverhältnisse ist bei der geringen Zahl der aus dieser Zeit überlieferten Urkunden und topographischen Nachrichten weder für das Erzbisthum noch für dessen Suffraganbisthümer möglich; nur einzelne Daten erfahren wir, zunächst aus der Besitzbestätigung Karls für Aquileia.[2])

Die Urkunde erzählt, Paulinus habe um Immunität und Besitzbestätigung angesucht.[3]) Dies werde gewährt aus Verehrung für den Ort der Patriarchalkirche und ihre Priester, und damit diese umsomehr literarischen Bestrebungen obliegen können, sowie wegen der Verdienste des Patriarchen. Karl bestätigt nun allen in seinem Reiche gelegenen Besitz und alle Besitztitel aus der Zeit der Langobardenherrschaft, insbesondere aber für folgende Orte: das von Abt Ferox erbaute Kloster St. Maria ad Organum (heute St. Maria in Organo) vor den Stadtmauern Veronas, die Laurentiuskirche in Buie in Friaul und das von Herzog Rodualb erbaute Hospiz des heil. Johannes in Cividale, und verleiht Immunität für Paulinus und seine Nachfolger. — Was das Datum der Urkunde betrifft, so gibt die Eingangsformel den Kaisertitel Karls, während die Recognition von dem Kanzler Rado herrührt, der nicht nach 797 vorkommt. Sickel[4]) hält deshalb die Eingangsformel für einer Kaiserurkunde entlehnt, und die in der Urkunde genannten

---

[1]) Capitulare Pippins von 755, c. 2; Mühlbacher no. 75.
     „ Karls b. Gr. „ 779, c. 2; „ no. 213.
[2]) Bei de Rubeis, a. a. O. col. 381 ff.; Mühlbacher no. 311.
[3]) Die italienischen Immunitäten pflegten mit der Bestätigung des Gesammtbesitzes verbunden zu sein. Sickel: Beiträge zur Diplomatik III., Sitzber. 47, 204.
[4]) Acta reg. et imper. Karol. II, 271 (K. 134).

Zahlen der Regierungsjahre Karls 34 und 28, um je 10 vermehrt. Streicht man X ab, so kommt man auf 792, in welchem Jahre auch eine andere Urkunde für Paulinus ausgestellt ist,[1]) die inhaltlich an dieser eine Er= gänzung findet, und mit ihr zusammen 832 von Lothar und 879 von Karlman bestätigt wurde.[2]) Ferner hält Sickel[3]) die ungewöhnliche Moti= vierung der Gewährung der gestellten Bitte durch die genannten drei Gründe, die sich in beiden Urkunden für Paulinus finden, für interpoliert und ersetzt sie durch die Formel, wie sie die Immunitätsbestätigung für Grado von 803[4]) aufweist. Die Echtheit der urkundlichen Verleihung unterliegt keinen Bedenken.

Von dieser Immunitätsverleihung datiert nun allerdings nicht die spätere territoriale Landeshoheit des Patriarchates, aber durch sie ist für dieselbe die erste nothwendige Voraussetzung gegeben worden, die Erlangung einer Ausnahmsstellung gegenüber der Reichsgerichtsbarkeit, die in der Ver= tretung der Insassen des immunen Gebietes vor dem Grafengerichte durch den Vogt und in dem Heimfalle von zwei Drittheilen der Buße an den Bischof statt an den Fiscus besteht.[5])

Außer dieser Immunitätsurkunde haben wir keine bestimmten Nach= richten über den Besitz der Kirche von Aquileia in dieser Zeit.[6]) Indessen läßt sich aus der Urkunde Karls von 811, welche den Gebietsstreit zwischen Salzburg und Aquileia regelte, folgern, daß dieses außer in Friaul auch jenseit der Drau in Kärnten Besitzungen hatte.[7]) In gleicher Weise wie an Aquileia hat Karl auch an dessen Suffraganbisthum Ceneda Immunität und Besitzbestätigung verliehen.[8])

Außer diesen Begünstigungen hat er der Kirche von Aquileia gleich= zeitig, am 4. August 792, in Regensburg urkundlich die Nachfolgerwahl für das Amt des Patriarchen bestätigt[9]) mit dem Zusatze „salva principali

---

[1]) Bei Madrisius p. 268, no. 3; Mühlbacher no. 310; S. gleich im Folgenden.

[2]) Mühlbacher no. 999 und 1499.

[3]) A. a. O.

[4]) Vgl. oben S. 23.

[5]) Die Vogtei hatte König Pippin in Italien mit der Bestimmung eingeführt, daß der Vogt in der Grafschaft ansässig sein solle, in welcher sich die Kirche, die er vertritt, befindet. (Pippin Kapit., ed. Boretius: Leges s. II/₁, p. 192 [c. 6.].) Die Vögte der langobardischen Zeit sind dagegen nur kirchliche Gutsverwalter. (Hegel a. a. O. I, 493 f.)

[6]) Ganz unrichtig ist der Sache und dem Datum nach, was Bergmann in seinem Berichte über Schweizers: Serie delle monete e medaglie d'Aquileja e di Vicenza (Sitzber. d. Wr. Akad. V, 141 f.) behauptet, daß Karl 791 Paulinus einige Castelle und Gerichtsbarkeit in Friaul, Istrien und einem Theile Noricums ertheilt habe.

[7]) S. oben S. 54.

[8]) Ughelli V², 174 f.; Mühlbacher no. 313.

[9]) Urkunde bei Madrisius p. 258 no. 3; Mühlbacher no. 310.

potestate", der damals wohl nicht bloß formelhaft gewesen sein dürfte. Zugleich gewährt er Befreiung der Kirchenholden vom öffentlichen Zehnten an Getreide und Vieh, und erläßt die Zahlung von Weidegeld für nach Istrien geschickte Herden. Bezüglich der Abgaben im Kriege sieht der König von der Leistung der Einquartierung und Fourage ab, ausgenommen für seine und seines Sohnes Pippin Person oder eine königliche Besatzung. Doch sollte auch diese Verpflichtung nur für Lieferungen nach Friaul und Treviso, nicht aber auch nach Verona und Vicenza gelten, womit offenbar die Grafschaften, nicht bloß die Städte gemeint sind. In der Urkunde wird vornehmlich der Erlaß des fodrum bewilligt, während aus ihr hervor= geht, daß Paulinus hauptsächlich um Zehntenerlaß und freie Patriarchen= wahl petitionierte. Daß aber auch dies zugestanden wurde, geht zweifel= los aus der Bemerkung hervor, daß Karl die Bitte des Patriarchen nicht abschlagen wolle, und aus den oben erwähnten Bestätigungen der beiden Urkunden für Aquileia, aus welchen sich der Erlaß des Zehnten und der Kriegsabgabe ergibt.[1]) Die angebliche Gewährung derselben Begünstigung für Aquileias Suffraganbisthum Concorbia ist eine Fälschung.[2])

Des Namens des einflußreichen Patriarchen bediente sich eine andere Fälschung,[3]) wahrscheinlich des 12. Jahrhunderts.[4]) Paulinus soll Karl gegenüber über die ungeheuren Verwüstungen, welche die Heiden angerichtet hätten, geklagt haben, und der Kaiser hierauf auf Rath des Papstes und der anwesenden Bischöfe der Kirche von Aquileia mit einer aus Rom vom 4. August 803 datierten Urkunde 6 Bisthümer geschenkt haben: 1. ep. Concordiensem,[5]) 2... inensem,[6]) 3. illum, qui apud Civitatem novam Histriae constitutus esse noscitur, 4. Ruginensem, 5. Penetensem, 6. Tarsaticensem. Die Urkunde widerspricht der Thatsache, daß Paulinus bereits anfangs 802 starb, und daß Karl 803 gar nicht in Rom war; der Fälschung liegt die früher besprochene Urkunde von 792, auch vom 4. August datiert, als Vorlage zugrunde.[7])

---

[1]) Sidel: Acta reg. et imp. Karol. II, 270 (K. 133).

[2]) Mühlbacher no. 378.

[3]) Bei Mabrisius p. 258 [de Rubeis col. 389]; Mühlbacher no. 391.

[4]) Breßlau: „Reise nach Italien im Herbst 1876", N. Arch. III, 81.

[5]) Dieses Bisthum wurde erst am 12. Februar 928 vom Könige Hugo der Kirche von Aquileia geschenkt. Urkunde bei Mühlbacher-Joppi: „Unedierte Diplome aus Aquileia", Mittbg. d. Inst. f. österr. Gesch. I, 290 f.

[6]) Bellonius (s. XVI.), der diese Urkunde gesehen bat, sagt in seiner Schrift „de vitis et gestis patriarcharum Aquiliensium" (bei Muratori, SS. XVI, 32), daß sie bis auf jeden Buchstaben leserlich gewesen sei, und hat an dieser Stelle Utinensem. Er hielt sie für echt, während Mabrisius (Vita, c. X, p. XXXIV) Bedenken äußert, aber keine Ent= scheidung wagt. Dieser deutet auch den wahrscheinlichen Zweck der Fälschung an, welche beweisen sollte, daß Ubine in früherer Zeit ein Bisthum gewesen sei.

[7]) Mühlbacher no. 310.

Eine eigentliche Besitzvermehrung der Kirche von Aquileia ist also unter Paulinus nicht nachweisbar; allerdings werden die ihm im Jahre 776 für seine Person geschenkten Güter[1]) spätestens nach seinem Tode in den Besitz der Kirche übergegangen sein. Sehr bedeutend sind aber die Vortheile, welche nicht zum geringsten Theile durch Paulinus' Verdienst seiner Kirche zugewendet wurden. Die gewährten Freiheiten und Bestätigungen des Besitzes aus langobardisch-karolingischer Zeit bilden die erste materielle Grundlage der späteren so wichtigen politischen Stellung der Patriarchalkirche von Aquileia im römisch-deutschen Reiche, wie sie der Bedeutung dieser Kirche im hierarchischen Organismus entsprach.

§ 2. Kirchlicher Organismus des Patriarchates.

Die Kirche von Aquileia war, abgesehen von Rom, die älteste bischöfliche Kirche Italiens, und die zweite, welche zum Erzbisthume erhoben worden war;[2]) ihr Vorsteher führte den Titel eines Patriarchen, ohne daß damit etwa die Stellung der orientalischen Patriarchen verbunden gewesen wäre. Es ist hier für uns gleichgiltig, wann dieser Titel aufkam und ob er gothischen Ursprungs ist oder nicht; in Karolingischer Zeit wird er sicher nur als bloßer Titel angesehen, und der Kirche von Aquileia, so angesehen sie war, deswegen kein besonderer Ehrenvorrang eingeräumt.[3]) Auch die päpstliche Kanzlei macht zwischen dem Patriarchen und dem Erzbischofe keinen Unterschied in der Titulatur.[4]) Es ist auch nicht zu bezweifeln, daß der Patriarch von Aquileia, beziehungsweise Paulinus, wie jeder andere Empfänger des Palliums bei seiner Erhebung auf den Metropolitansitz dem Papste sein Glaubensbekenntniß einsandte. Es geht dies aus der Bulle der Palliumsverleihung an Patriarch Fortunatus von Grado hervor,[5]) der in

---

[1]) S. oben S. 12.

[2]) Die erste war Mailand gewesen.

[3]) Alcuin schreibt an Paulinus, indem er ihn an die Pflicht der Missionsthätigkeit erinnert: „Vide quam sublime est hoc nomen." (Alc. ep. 28, Epp. IV, 70 [Jaffé II. VI, 163].) Er nennt ferner in Gedichten Bischöfe öfters Patriarchen, z. B. Angilram von Metz: „Pontificalis apex, pastor, patriarche, sacerdos". (Alc. carm. CIV, Poët. lat. I, 329.) — Karl d. Gr. nennt in dem Schreiben an die spanischen Bischöfe (Mansi XIII, col. 901 D) Petrus von Mailand vor Paulinus von Aquileia; in seinem Testamente zählt er Ravenna und Mailand vor Aquileia auf. Im Jahre 963 erscheint der Patriarch zur Rechten des Papstes, 1047 nimmt aber Ravenna diesen Rang ein. (Vgl. Hinschius: „Das Kirchenrecht der Katholiken und Protestanten in Deutschland" II, 567 ff.)

[4]) Superscriptio ad patriarcham: „Dilectissimo fratri ill. ill."

Subscriptio ad patriarcham: „Deus te incolumem custodiat, dilectissime frater". (Lib diurnus 2, 9.)

[5]) Bei Ughelli V², col. 1095.

der gleichen hierarchischen Stellung war und dem Papst Leo ausstellt, daß sein allerdings richtiges Glaubensbekenntnis, das er eingesandt habe, nicht genug genau auseinandergesetzt gewesen sei.

Bezüglich des Obedienz-Eides, den der Metropolit dem Papste zu leisten hatte, ist zu erwähnen, daß auch nach der Einverleibung des langobardischen Reiches in das fränkische die frühere besondere Eidesart bestehen blieb, wonach der langobardische Bischof, wie dies aus dem indiculum episcopi de Langobardia im liber diurnus ersichtlich ist, nebst der Bewahrung des Glaubens, der Einheit mit der katholischen Kirche und der Fernhaltung des Schismas an Stelle der Treue gegen den römischen Staat beschwor, daß er sich um die Erhaltung des Friedens zwischen der Curie und den Langobarden eifrig bestreben werde.[1])

Die kirchlichen Zustände im Langobardenreiche müssen wahrscheinlich infolge des Falles von Desiderius' Königthum und der nachfolgenden Rebellion Hrodgauds auch noch unter Karls Regiment zunächst in arger Verwirrung gewesen sein. Papst Hadrian bittet Karl, dagegen einzuschreiten, daß die langobardischen Bischöfe durch gegenseitige gewaltsame Eingriffe Theile fremder Diöcesen widerrechtlich an sich bringen und festhalten.[2]) Es ist nicht festzustellen, in welche Zeit dieses Schreiben fällt; vielleicht aber lassen sich damit die energischen Maßnahmen Karls in Oberitalien, besonders die Abstellung kirchlicher Übelstände, wie sie 787 im „Capitulare Mantuanum duplex"[3]) verfügt wurden, in Verbindung bringen. Besonders wichtig war auch unter solchen Umständen die Persönlichkeit des Metropoliten, und so ist Paulinus' Erhebung zum Patriarchen in dem genannten Jahre möglicherweise auch unter diesem Gesichtspunkte zu betrachten. Es mag ein Zeichen der Besserung jener Zustände sein, daß 792 Aquileia die Wahl des Patriarchen durch die Suffragane gewährt werden konnte.[4])

Die Herstellung und Sicherung des Gehorsamsverhältnisses der Suffraganbischöfe gegen den Metropoliten ist im fränkischen Reiche sowohl Karls als auch seines Vorgängers Sorge gewesen;[5]) aber ein formelles Gelöbnis des Gehorsams ist im fränkischen Reiche im engeren Sinne doch erst im 9. Jahrhundert nachweislich.[6]) In Italien dagegen ist dies früher der Fall, und das erste derartige Versprechen, von dem wir wissen, und das

---

[1]) Hinschius, a. a. O. III, 200, N. 2 u. 5.

[2]) Epp. III, 631 f., no. 93 [Jaffé IV, 283, no. 97], auch ep. 94 (ebenda p. 632 ff. [J. 285 ff.]) erwähnt diese Streitigkeiten.

[3]) S. Abel-Simson I, 578; das Kapitul. bei Boretius: Kapitul. reg. Franc., M. G. LL. sect. II/₁ p. 194.

[4]) S. oben S. 82.

[5]) Kap. Pippins von 755, c. 2, Mühlbacher no. 75.
   „ Karls „ 779, c. 2, „ no. 213.

[6]) Hinschius, a. a. O. III, 207.

hieburch besonders wichtig wird, ist das Gelöbnis der Suffragane des Patriarchen Paulinus von Aquileia.[1]) Hinschius[2]) meint, daß die Nähe des römischen Stuhles, beziehungsweise die Gefahr der Exemtion von Bis-thümern, die italischen Metropoliten früher zur Sicherung ihrer Gerechtsame veranlaßte.

Datiert ist jenes Gelöbnis nach dem 29. Regierungsjahre Karls, dem 19. Jahre Pippins und der 9. Indiction. Diese letzte Zahl führt auf das Jahr 801, während die zweite 800 ergibt. Die erste liefert 803, was wegen des Anfangs 802 erfolgten Todes des Patriarchen jedenfalls irrig ist. Ich folge mit de Rubeis[3]) dem Jahre der Indiction 801. Dieses schriftliche Gelöbnis erfolgt demnach im letzten Lebensjahre des Patriarchen. Vielleicht fühlte er sein Ende herannahen und schuf noch durch seine Autorität im Interesse der kirchlichen Ordnung als wirksames Präcedens für die Zeiten seiner Nachfolger die Norm für die Verpflichtungen der Suffraganbischöfe. Das Document ist durchaus nicht formelhaft wie der spätere Eid aus der Zeit des Patriarchen Poppo (1019—1042),[4]) der von dem Bischofe vor der Consecration geleistet wird;[5]) es ist vielmehr eine ausführliche Darlegung aller Verpflichtungen des Bischofs, welche zwar in kirchlichen und königlichen Gesetzen schon zum Ausdrucke gekommen waren, deren Erfüllung aber nun eben zum erstenmale dem Metropoliten eidlich gelobt wurde. Noch mehr tritt der fast an ein Abkommen gemahnende Charakter des Documentes in der Andeutung der Wünsche, die man bezüglich des Verhaltens des Metropoliten hegte, hervor.

Im Folgenden sei der Inhalt gegeben: Wenn unter Bischöfen Mein-eid vorkomme, so sei dies besonders schimpflich. Daher möge der Metropolit sich hüten, allzu peinlich den Bischöfen nachzuforschen, weil diese hieburch öfters zum Meineide getrieben würden. — Hierauf wird der Glaube beschworen gemäß der Definition des Concils von Nicaea[6]) und wie ihn ferner der „tomus" Papst Leos[7]) klarlegte. — Auch nach den Canones

---

[1]) Gedruckt bei de Rubeis col. 378 ff., bei Madrisius p. 259.

[2]) A. a. O. III, 207 A. 3.

[3]) A. a. O. col. 378 f.

[4]) Mitgetheilt ist derselbe von Breßlau: Ital. Reise 1876, im N. Arch. III, 87 aus einem Codex der Bibliothek von S. Marco.

[5]) „Polliceor ego Aistulfus Vicentinae ecclesiae *futurus* episcopus . . ." a. a. O.

[6]) Die suburbicarischen Bischöfe geloben dem Papste den Glauben gemäß den Synoden von Nicaea, Constantinopel, Ephesus und Chalcedon. (Lib. diurn. 70. 10 ff.) — Bezüglich der Ablegung des Glaubensbekenntnisses seitens der Suffraganbischöfe im Frankenreiche und in Italien gilt das auf S. 85 über den Obedienzeid Gesagte.

[7]) Die Erläuterung bietet uns der Eid der suburbicarischen Bischöfe im lib. diurn. p. 71, 10 ff.: „profitemur nos sanctae et beatae recordationis Leonis apostolicae sedis antistitis epistulam ad Flavianum Constantinopolitanum episcopum datam, *qui et tomus appellatur*, ... inviolabiliter custodire."

wollen sie sich halten, mit Ausnahme derjenigen, „welche dem gesunden
Glauben widerstreiten", d. h. wohl von einer nicht anerkannten Synode
aufgestellt wurden, und derjenigen, welche dadurch, daß sie außer Gebrauch
gekommen sind, im Schoße der Kirche thatsächlich als abgeschafft gelten.
— Der Bischof bekennt weiterhin eidlich, daß er frei sei von der geheimen
Sünde der Simonie, die, gleichwohl sie schon von dem ersten Hirten der
Kirche verdammt wurde, dennoch große Verbreitung habe, dann von der
Sodomie und „a spurcissimo quadrupedum scelere", desgleichen vom
geschlechtlichen Verkehre mit der Frau eines anderen und mit Nonnen. —
In den übrigen Dingen sei er nicht durch Eid, sondern durch dieses
schriftliche Versprechen gebunden und ordne sich den Kirchenstrafen unter.
Er stimmt seiner Absetzung zu, wenn er sich als Angeklagter nicht ver=
theidigen könne, sowie wenn er nicht auf der Synode erscheine, oder dem
Metropoliten den Gehorsam verweigere. Dessen Abgesandte ehrenvoll auf=
zunehmen, sei er verpflichtet. Er verspricht endlich eifrige Abhaltung des
Gottesdienstes unter Gebet, Gesang und Rauchopfer und ordentliche Kirchen=
gutsverwaltung.

Dies war das Obedienzversprechen, das der Bischof unterzeichnete
und „ter beato Paulino Patriarchae"[1]) übergab. — Ich halte es für
die Beurtheilung von Paulinus' Wirksamkeit für außerordentlich wichtig.
Es stellt sich in demselben klar dar, was der Patriarch in dem Gebiete,
das seiner geistlichen Regierung unterstand, von den Forderungen und
Verpflichtungen, welche die Kirchengesetze und der Karolingische Staat dem
Clerus jener Zeit auferlegten, thatsächlich durchgesetzt und zur dauernden
Anerkennung gebracht hat; anderseits ersehen wir aus ihm, daß Paulinus
mit größter Genauigkeit und Strenge über die Durchführung jener Be=
stimmungen seitens seiner Suffragane wachte, wie dies aus dem Rathe
gegen den Übereifer des Metropoliten hervorgeht. Dieser würde wohl nicht
in eine vom Erzbischofe entworfene Eidesformel aufgenommen worden sein,
so wenig als die sehr allgemein gehaltene Clausel, daß veraltete Canones
außer Kraft sein sollen. Wir haben eben eine Vereinbarung vor uns, welche
die durch Eid oder Versprechen gewährleistete Anerkennung aller wesent=
lichen Punkte der Kirchengesetzgebung zur Bedingung der Ernennung zum
Bischofe machte.

Paulinus hat auf einer Provincialsynode im Jahre 796, unter dem
Eindrucke der großen Avarensiege Karls, an denen Friaul betheiligt war,
die wichtigsten Beschlüsse der gemischten Reichstage, von denen die eigentliche
Rechtsbildung ausging,[2]) besonders des von Frankfurt (794) acceptiert.

---

[1]) In der Eidesformel an den Papst heißt es: „ter beatissimo summo pontifici"
(lib. diurnus, 70, 1).

[2]) Hinschius, a. a. O. II, 8, N. 8.

Die Acten jener Synode sind — allerdings ohne die Unterschriften der Theil=
nehmer — erhalten.[1]) Datum und Ort ergibt sich aus den Worten: „Anno
igitur felicissimo principatus eorum (Caroli et Pippini) tertio et
vicesimo et XV. canonicis siquidem evocatum syllabis fraternum
quorundam episcoporum contubernium Forojulium municipium metro-
polium Aquilejensem coacervatum convenit."[2]) Diese beiden Regierungs=
jahre führen unzweifelhaft auf 796,[3]) als das Jahr der Synode von Cividale.
Fälschlich hat Mansi,[4]) der die 23 Jahre nach der fränkischen Epoche Karls
zählend auf 791 kommt, die Zahl 15, als die Chronologie störend, auf die Zahl
der Einberufungsschreiben an die Suffragane gedeutet.[5]) Der Wortlaut der
citierten Stelle (principatus *eorum*) fordert ja eine zweite Zahlenangabe.
Die Zahl XV als die der Einberufungsschreiben oder gar, wie Simson[6])
dies thut, als die Zahl der auf der Synode anwesenden Bischöfe zu
deuten, ist nach dem Gesagten unzulässig — leider! denn sie würde uns
sonst zuverlässig die Anzahl der Suffragane Aquileias zu Paulinus' Zeit
anzeigen und die Zugehörigkeit Istriens zur Metropole Aquileia in der=
selben völlig über jeden Zweifel heben, da die Zahl der Suffraganbisthümer
nach den früheren Ausführungen[7]), eingerechnet die istrischen Bisthümer,
sich auf 16 belief. Dafs auch das Wort „contubernium" keinen Anhalts=
punkt für die Zahl der Theilnehmer an der Synode liefern kann, ist bereits
gesagt worden.[8]) — Dieselbe wurde in der Kirche „beatae virginis Dei
genitricis Mariae"[9]) abgehalten; durch Gebete, Lectüre apostolischer und
evangelischer Schriften bereitete sich die Bischofsversammlung vor, während
vor den verschlossenen Thoren der Kirche eine große Volksmenge harrte.
In der That war eine solche Provincial-Synode zu dieser Zeit in Italien
etwas völlig Ungewohntes. Außer dieser Synode sind aus der Karolingischen
Epoche in Italien nur noch vier zu Mailand im 9. Jahrhundert abgehaltene
bekannt.[10]) Dem gab auch Paulinus Ausdruck, als er die Versammlung
eröffnend das Wort nahm, nachdem vorher auf den Ruf des Archidiaconus
durch eine Nebenpforte die Priester eingetreten waren.

---

[1]) Mansi XIII, col. 833 ff.

[2]) Ebenda col. 833.

[3]) Das 23. Jahr Karls beginnt nach italienischer Epoche, welche für diese italienische
Provincial-Synode maßgebend ist, Ende Mai 796, das 15. Jahr Pippins schließt Ende
April 796; die Ungenauigkeit der Angabe beträgt nur einen Monat.

[4]) A. a. O. XIII, col. 833, n. 1.

[5]) Ihm folgen mehrere, darunter unter den Neueren Boretius, LL. sect. II/₁ p. 232.

[6]) A. a. O. II, 128, N. 4.

[7]) S. oben S. 39.

[8]) S. oben S. 30 f.

[9]) Mansi a. a. O.

[10]) Hinschius, a. a. O. III, 482, N. 6.

Nach canonischer Regel, sagte er, sollte jährlich zweimal eine Synode abgehalten werden.[1]) Dies sei aber hauptsächlich wegen der Kriegszeiten unterblieben; doch läge darin einigermaßen ein Ersatz, dafs er ja, wie es den Versammelten bekannt sei, öfter den großen Reichssynoden angewohnt habe. Nun aber seien die Barbaren besiegt, der Friede erlangt, und da jetzt auch die Aufträge des Königs ein wenig nachgelassen hätten, so habe er es für nothwendig gehalten, die nun Versammelten nach den canonischen Regeln zu berufen.

Es ist nicht ein außerordentlicher Act, den wir also hierin zu erblicken haben, sondern die Wiederaufnahme der ordentlichen Synoden. Als solche erscheint die in Rede stehende auch in dem Briefe, mit welchem Paulinus die an König Karl zur Prüfung übersandten Synodalbeschlüsse begleitete.[2]) Paulinus schreibt, dafs gemäß den Canonen und den Worten des Königs in dessen erhabenem Namen ein Concilium abgehalten worden sei, wovon er dem Könige Mittheilung mache. Erst durch richterliche Prüfung mehrerer würde, was einer geschrieben, erhärtet und könne den heiligen Büchern einverleibt und sohin respectiert werden; anbernfalls wohne der Gesetzgebung nicht die bindende Verpflichtung des göttlichen Rechtes inne.[3]) Der Patriarch bittet Karl auch, ihn vor zu heftiger Kritik in Schutz zu nehmen. Man sieht, dafs Paulinus die auf der Provincial-Synode festgestellten Beschlüsse durchaus als sein Werk hinstellt, für das er die Verantwortung zu tragen hat. Die Synode habe sich mit der Sache des orthodoxen Glaubens und mit geistlichen Standesangelegenheiten befafst; was aber bezüglich der gegen Priester verübten Angriffe und Todtschläge zu geschehen habe, unterliege nicht seinem Urtheile, sondern der Bestimmung des Königs. Paulinus räth diesem, im ganzen Reiche eine durch richterliches Urtheil bestimmte Strafverfügung ergehen zu lassen, denn dies Verbrechen sei überall in der Welt verbreitet.[4])

---

[1]) Verordnung der Synode von Chalcedon, c. 19. (Hefele III², 729.) Dies bestimmte auch das Kapitulare Pippins von 755, c. 4 (Mühlbacher no. 75), sowie die admonitio generalis von 789, c. 13. (Boretius, LL. sect. II, I p. 55.)

[2]) Epp. IV, 517 ff. [Manfi XIII, col. 829 ff., Mabrisius 191 ff.]

[3]) „Non iuris fas est", Manfi XIII, col. 830.

[4]) de Rubeis (col. 375, C, D) bezieht den eben besprochenen Brief des Patriarchen an Karl nicht auf die Synode von Cividale, da ihm folgende Lesart einer Stelle desselben vorlag: „ . . . in hac, cui Deo auctore, licet indignus indignoque famulatu deservio, sede concilium habitum Altini fuisse sub nomine regis." Er war daher der Ansicht, die Synode, von welcher der Brief spreche, sei in Altino abgehalten worden. Baluze (Miscell. VII, 6 ff.) fand aber in einem vaticanischen Codex die richtige Lesart der citierten Stelle, wo alti (auf regis bezüglich statt altini) steht, womit die Synode von Altino, das zu dieser Zeit gar nicht mehr bestand, aus der Welt geschafft war. Auch ist ja in der citierten Stelle von Paulinus deutlich gesagt, wo die Synode war: „in hac,

Mit diesem Briefe übersandte Paulinus die Synodalbeschlüsse, die er als „statuta specialia cum provincialibus istius sedis" bezeichnet,[1]) die also festgestellt wurden in Übereinkunft der Suffragane mit ihrem Metropoliten. Gehen wir auf den Inhalt der Synodalberathungen ein:

Paulinus sprach zuerst zum Glaubensbekenntnisse und erläuterte das Wesen der Trinität, um die Formel „filioque" betreffs des Ausganges des heiligen Geistes in jenes aufnehmen zu können; ferners sprach er gegen den Adoptianismus.

Dieser dogmatische Theil der Synodalberathungen ist im vorigen Capitel ausführlich behandelt worden. Hier sei nur zur Charakterisierung des Verhältnisses der Provincial-Synode zur Reichs-Synode nochmals erwähnt, daß Paulinus — wahrscheinlich 794 in Frankfurt — dem Könige versprochen hatte, eine klare Darlegung über die Trinität geben zu wollen. Von den dogmatischen Beschlüssen der Frankfurter Synode hat Paulinus die über die Bilderfrage gar nicht berührt, die über den Adoptianismus wiederholt; in der Frage des filioque aber, die in Frankfurt berührt worden zu sein scheint,[2]) bedeutet die Synode von Civibale einen weiteren selbständigen Schritt, eine Fortsetzung der Reichs-Synodalangelegenheiten, die, wie das Versprechen zeigt, über Wunsch des Königs erfolgte. Diesen Auseinandersetzungen entsprach das auf der Synode aufgestellte Symbolum.[3]) Dieses müssen alle Geistlichen jedes Ranges fehlerlos auswendig wissen, so zwar, daß auch nicht eine Silbe weggelassen oder hinzugefügt werde. Die längste Frist hiezu für minder Begabte ist der nächste Jahrestag der Synodalsitzung, widrigenfalls Kirchenstrafen verhängt werden. Wer es früher könne, sei zu loben.

Das Symbolum und das Gebet des Herrn solle jeder Christ, wes Alters und Geschlechtes er sei, auswendig wissen.[4])

Es folgen nun die Capitula,[5]) die nicht als neue Regeln zu betrachten seien, sondern als alte Canones in einer der neueren Zeit entsprechenden Textierung. Die Nothwendigkeit, das Verhältnis dieser vereinzelten Provincial-Synode zu den Reichs-Synoden darzustellen, rechtfertige die folgende Aufzählung der einzelnen Capitel.

---

cui ... deservio, sede, d. i. Civibale, der Aquileiensische Metropolitansitz. Es ist daher zu verwundern, daß noch Cipolla (Fonti edite etc., Monum. Storici III/IV, vol. I., p. 15) die Legende von der Synode von Altino nachschreibt, wo doch auch Hefele III 741 auf den richtigen Thatbestand aufmerksam gemacht hat.

[1]) Acten der Synode, Mansi XIII, 832 (B).
[2]) S. oben S. 78.
[3]) Mansi XIII, col. 842.
[4]) Die Frankfurter Synode, c. 33 (Boretius p. 77) bestimmte, daß der Glaube an die Trinität, das Gebet des Herrn und das Symbolum Allen gelehrt werden solle.
[5]) Bei Mansi XIII, col. 845 ff.

1. Vor allem sind würdige Priester einzusetzen, welche in der Kirche sich entsprechend benehmen. Die Simonie, jene „pestifera haeresis",[1]) ist verboten. — Die admonitio generalis vom 23. März 789 (c. 21 und 22) bestraft sie mit Absetzung.[2])

2. Die Priester müssen als „lux mundi" und „sal terrae"[3]) vor der Laienwelt durch ihr Leben sich auszeichnen und Beispiel geben. — In ganz ähnlicher Weise verwies die admonitio generalis[4]) (c. 72) die Geistlichen auf die Worte des Evangeliums: „sic luceat lux vestra coram hominibus ..." und bestimmte (c. 73), daß die Geistlichen nach canonischer Regel unter ihrem Bischofe leben sollen, wie die Mönche nach ihrer Regel unter dem Abte. Daß dies unter Paulinus befolgt wurde, constatiert die ihm 792 ausgestellte Urkunde bezüglich Aquileias,[5]) und es ist nicht zu zweifeln, daß Paulinus strenge Kirchenzucht hielt, die einst in Aquileia so musterhaft war, daß der heilige Hieronymus sagen konnte: „Aquileienses clerici quasi chorus beatorum habentur".[6]) Diese Strenge zeigt das folgende Capitel.

3. Keusches und mäßiges Leben ist Pflicht des Geistlichen. Trunkenheit wird an demjenigen, der in ihr verharrt, nach canonischer Bestimmung mit Absetzung bestraft. Paulinus bekennt, daß er, für diese Bestimmung eintretend, an deren Zustandekommen selbst mitgewirkt habe. Diese Strenge zeigt keiner der Reichs=Synodalbeschlüsse, da sich unter sämmtlichen für das Frankenreich und für Italien bestimmten Kapitularien Karls und Pippins keines mit der erwähnten Strafbestimmung findet. Die admonitio generalis (c. 14)[7]) und die Frankfurter Synode von 794 (c. 19)[8]) verbieten ohne weiteren Zusatz den Tabernenbesuch seitens der Geistlichen. Sonst sprechen nur noch einige „Capitula de presbyteris admonendis",[9]) die ihrer Herkunft und Datierung nach nicht näher zu bestimmen sind, von dem Laster der Trunkenheit ohne irgendwelche Ahndungen zu enthalten.

---

[1]) Col. 846. Daß Simonie besonders in Mittelitalien und im Ravennatischen Gebiete vorkam, beweisen außer dem Obedienz=Eide (vgl. oben S. 87) auch Briefstellen Karls an Hadrian und Leo, welche Mabrisius in seiner observatio in canon. I, p. 80 citiert.

[2]) Boretius, LL. s. II/1 p. 55.

[3]) Col. 846. Daß Paulinus sich hierin an Worte Gregors d. Gr. in den Homilien zu den Evangelien anlehnt, zeigt Mabrisius in der observat. in can. II., p. 80.

[4]) Boretius, LL. sect. II/1 p. 59.

[5]) „Ipsa sancta congregatio, quae ibidem sub sancto ordine vitam gerere videtur."

[6]) Mabrisius p. 238, col. 2 (C).

[7]) Boretius p. 55.

[8]) Boretius p. 76.

[9]) C. 2 u. 4, Boretius p. 237 f.

4. Mit Geistlichen sollen keine Frauen im Hause wohnen, auch verwandte nicht, weil deretwillen andere Frauen das Haus besuchen. Geistliche sollen auch weiblichen Verwandten Wohlthaten erweisen, aber getrennt von ihnen wohnen, damit das Wohlthun nicht zum Vorwande werde. — Ein diesbezügliches Verbot findet sich ebenfalls in c. 2 der oben erwähnten nicht bestimmbaren Capitel. Gegenüber der Bestimmung des c. 4 der admonitio generalis,[1]) welche für verwandte Frauen eine Ausnahme macht, bedeutet die Friauler Vorschrift eine Verschärfung.

5. Geistliche sollen sich nicht mit weltlichen Beschäftigungen abgeben. — Dasselbe hatte das legationis edictum von 789[2]) und die Frankfurter Synode[3]) verfügt.

6. Die Cleriker sollen nicht weltliche Ehrenstellen einnehmen; ferner nicht weltlichen Vergnügungen huldigen, wie der Jagd, weltlicher Musik, Spielen u. dgl., sondern nur geistliche Lieder und Gesänge pflegen.

7. Kein Bischof darf einen Presbyter, Diacon oder Archimandriten[4]) absetzen, ohne vorher den Metropoliten befragt zu haben.[5]) Hatte die Frankfurter Synode festgesetzt,[6]) dass jeder im Bisthume von dem Spruche des Bischofs an den Metropoliten recurrieren könne, so wurde hier bestimmt, dass in der wichtigen und heiklen Sache der Absetzung der Bischof überhaupt nicht ohne Vorwissen des Metropoliten vorgehen dürfe.

8. Es werden Bestimmungen gegen Ehen unter Verwandten getroffen. Zwischen Verlobung und Eheschließung muss eine Zeit liegen, welche Priester und Volk angemeldet werden muss (die Einrichtung des Aufgebotes). Wurde eine unerlaubte Ehe geschlossen, und war das Ehehindernis beiden Theilen unbekannt, so wird die Ehe gelöst, die Kinder aber sind legitim, und eine neue Ehe erlaubt, wenn auch zu widerrathen. War das Ehehindernis bekannt, so ist eine neue Ehe verboten, die Kinder sind unehelich und besitzen kein Erbrecht. — Diesbezügliche zu Paulinus' Zeit erlassene Bestimmungen weist c. 4 der von Boretius zwischen 790 und 800 angesetzten „Capitula cum Italiae episcopis deliberata"[7]) auf.

---

[1]) Boretius: Kapitularien p. 54.

[2]) C. 30, Boretius p. 64.

[3]) C. 11, Boretius p. 75.

[4]) Bedeutet einen Abt nach Madrisius: Notae in canon. VII., p. 83.

[5]) „Absque huius venerandae sedis consultu" (col. 847). — Hefele deutet dies nicht auf den Metropoliten, sondern auf die Provincial-Synode, was er zwar nicht bei Besprechung der Friauler Synode (III² 719), aber im Register (S. 779, col. 1) zum Ausdrucke bringt, durch die Gleichstellung dieses Beschlusses mit c. 6 der Synode von Sevilla [a. 619] (III², 72).

[6]) C. 6, Boretius p. 74.

[7]) Boretius p. 202.

9. Niemand soll Leute, die das entsprechende mannbare Alter noch nicht erreicht haben, trauen. Auch sollen dieselben nicht in zu verschiedenem Alter stehen, und beide müssen gewillt sein zur Eheschließung. Wer dawider handelt, wird vom Kirchenverbande ausgeschlossen, unbeschadet der Strafen des weltlichen Gerichtes. — Diese Bestimmung ist als c. 1 in eine Capitel=sammlung übergegangen, welche in willkürlicher Auswahl den Anhang eines italischen Kapitulars von 801 in einem Blankenburger Codex bildet.[1]) Schon Mabrisius[2]) fiel die Übereinstimmung auf; er glaubte aber, ein Original=capitulare in jener Auswahl vor sich zu haben, und meinte daher, daß vielleicht Paulinus jenes veranlaßt hätte.

10. Wenn eine Ehe gebrochen wurde, so darf kein Theil, auch der unschuldige nicht, bei Lebzeiten des anderen heiraten; die ehebrecherische Frau darf aber selbst nach dem Tode des Mannes nicht wieder heiraten. Dies wird verfügt unter Berufung auf den heiligen Hieronymus. — Dieser strengen Bestimmung lassen sich vor derselben aus Karls Zeit keine Gesetze über Ehebruch an die Seite stellen, außer c. 5 der erwähnten italischen Capitel.[3])

11. Wenn Jungfrauen und Wittwen, welche innerhalb oder außerhalb eines Klosters das Gelübde der Ehelosigkeit gemacht haben, und die nach alter Sitte in Friaul das schwarze Kleid tragen, dennoch heiraten, so unter=liegen sie der weltlichen Bestrafung, müssen überdies Buße thun und werden von der Communion ausgeschlossen (außer wenn der Papst selbst sie ihnen gewährt); die letzte Wegzehrung soll ihnen jedoch gereicht werden. Die ein=gegangene Ehe wird gelöst. Niemand darf jemandem für das weltliche Kleid ohne Wissen des Bischofs das geistliche Kleid eintauschen. — Da es sich hier um eine altgeübte Gepflogenheit handelt, so wurde sie schon früher, und zwar in demselben Sinne geregelt. Mabrisius[4]) verweist auf das edictum Liutprandi (c. 30). Unter Karls Regierung wurde die gleiche Bestimmung in Italien getroffen.[5])

12. Kein Mann des Laienstandes darf ein Frauenkloster betreten, auch Priester, Diacone und Äbte nur mit der Erlaubnis des Bischofes und, wie diese, nur in Begleitung von Zeugen. Keine Nonne darf nach Rom oder anderen verehrungswürdigen Orten wallfahrten. Dawider Handelnde werden mit Kirchenstrafen bis zur Ausschließung aus dem Kirchenverbande bestraft. — Die Frankfurter Synode schärfte nur im allgemeinen die Behütung der Klöster nach canonischen Vorschriften ein.[6])

[1]) Boretius p. 232.
[2]) Observatio in canon. IX, p. 85.
[3]) Boretius p. 202.
[4]) Observ. in can. XI., p. 88.
[5]) C. 1, Boretius p. 202.
[6]) C. 32, Boretius p. 77.

13. Der Sonntag, dessen Feier Samstag abends beginnt, soll durch Anhören von Gottes Wort geheiligt werden als ein besonderer Gnadentag des Herrn; keine knechtliche Arbeit darf an ihm verrichtet werden. Nicht der Samstag ist zu feiern, wie dies die Bauern Friauls größtentheils thun, sondern der Sonntag. Dahin sollen die Priester durch Predigt und Beispiel wirken. — Die Zeit der Feier von einer Vesper bis zur anderen hatte entsprechend den Canones des Concils von Laodicea (c. 29) auch die admonitio generalis[1]) und die Frankfurter Synode[2]) verfügt, ebenso die Abhaltung der Predigt.

14. Der Kirche sind der Zehnten und die Erstlingserträge (primitiae) zu leisten.

Die Frankfurter Synode,[3]) sowie ein Brief Karls[4]) an die Beamten Italiens schärfte die Abgabe des Zehnten und Neunten ein.

Überblickt man die Bestimmungen der Friauler Synode, so sieht man, daß sie vielfach das wiederholen, was auf den Reichs-Synoden von 789 und 794 zumeist gemäß den Canonen der vier ersten ökumenischen Synoden[5]) beschlossen und für das Reichsgebiet verfügt wurde. Dieser Art sind die Vorschriften über das Leben der Geistlichen und gegen die Simonie (cc. 1, 2, 5, 12) und einige Bestimmuugen, welche das Verhältnis der Bevölkerung zu kirchlichen Angelegenheiten betreffen (cc. 13, 14). Anderseits beschloß die Friauler Provincial-Synode aber auch Capitel, welche mit früheren Bestimmungen des langobardischen und fränkischen Reiches übereinstimmen, aber unter Karls Regierung vor dieser Synode nicht, oder nur ganz allgemein ausgesprochen wurden. So erscheinen theils neu, theils verschärft die Verordnungen über das Leben der Geistlichen (cc. 3, 4, 6, 12), über kirchliche Gerichtsbarkeit (c. 7), und besonders die eherechtlichen Bestimmungen (cc. 8, 9, 10, 11); bezüglich der letzteren ist es nicht zu ermitteln, ob cc. 8, 10 und 11 auf die zwischen 790 und 800 erlassenen italischen Verfügungen[6]) zurückgehen, oder ob sie etwa das betreffende Capitulare veranlaßt haben.

Die Capitel der Synode giengen aus der übereinstimmenden Meinung des Metropoliten und seiner Suffragane hervor,[7]) ganz entsprechend dem Verhältnisse, wie es die Aachener Synode von 789 gewollt hatte: daß von keiner Seite etwas Neues ohne die gegenseitige Zustimmung durchgeführt

---

[1]) C. 15, Boretius p. 55.
[2]) C. 21, Boretius p. 76.
[3]) C. 25, Boretius p. 76.
[4]) Boretius p. 203.
[5]) Die 5. u. 6. allgemeine Synode hat keine Canones erlassen. Hefele III², 475.
[6]) Boretius p. 202.
[7]) „Statuta specialia cum provincialibus istius sedis." (Epist. Paulini ad Carolum regem, Mansi XIII, 832, B.)

werbe.[1]) Daher giengen auch die wesentlichsten Bestimmungen der Synode über das Leben der Geistlichen in den Eid der Suffragan-Bischöfe[2]) über, der aber außerdem, wie das ja in der Natur desselben liegt, besonders die Verpflichtung des Gehorsams gegen den Metropoliten und des Eifers und der Treue in der Ausübung des geistlichen Amtes betont. Welche bedeutende Entwickelung hierarchischen Lebens im Rahmen des fränkischen Reiches von Bonifatius bis zu diesem ersten Suffragan-Eide! — Immerhin aber scheint die regelmäßige Abhaltung der Provincial-Synoden nicht durchführbar gewesen zu sein, da wir von keiner weiteren mehr Nachricht haben, obwohl die Acten der Friauler Synode die Wiederholung derselben in Jahresfrist erwarten lassen.[3]) Vielleicht haben die bald nachher nothwendig gewordenen Züge gegen die Kroaten mit ein Hinderniß gebildet. —

Die engere Diöcese von Aquileia läßt sich innerhalb des Metropolitan-gebietes wie dieses selbst nicht fest abgrenzen, indem sie sich außer über das eigentliche Friaul auf die slavischen und avarischen Gegenden erstreckte und sohin an der Drau ihre Nordgrenze fand, während die Ausdehnung nach Osten ungewiß bleibt. Überhaupt sind topographische Bestimmungen für diese Zeit theils vielfach nicht möglich, theils sind sie durch den Mangel moderner Arbeiten, besonders auf dem Gebiete der kirchlichen historischen Topographie sehr erschwert. Nur über die Klöster haben wir dank den Urkunden einige Nachrichten. Im eigenen Diöcesangebiete unterstanden Paulinus folgende Klöster: In Cividale das Kloster s. Mariae in valle,[4]) aus der Zeit Agilulfs stammend, in welchem Orte sich auch das Hospiz des heiligen Johannes befand, dessen Besitz Karl der Kirche von Aquileia bestätigt hatte;[5]) die Abtei von Sesto bei S. Vito,[6]) welcher Karl 781 eine Schenkung des Königs Adelchis bestätigte;[7]) das Kloster Rosazzo bei Cividale, das aber möglicherweise erst unter Paulinus' Nachfolgern gegründet wurde.[8]) Im Gebiete der Suffragan-Bisthümer unterstanden Paulinus als Metropoliten: das Kloster s. Mariae s. Crucis et s. Fuscae bei Treviso, um 780 von Graf Gerard gegründet, der es der Abtei von Nonantula untergeordnet wissen wollte,[9]) ferner das "novum monasterium" in Treviso,

---

[1]) Admonitio generalis c. 8., Boretius p. 54.
[2]) S. oben S. 86 f.
[3]) „In anniversaria... proximiore huius venerandi consilii volubilique sessione", Mansi XIII, col. 845.
[4]) Mabillon: Annales ordinis St. Benedicti II, 534.
[5]) Die Urkunde bei de Rubeis 381 ff.; vgl. oben S. 81.
[6]) Mabillon a. a. O. II, 534.
[7]) Mühlbacher no. 232.
[8]) Mabillon II, 534.
[9]) Mabillon II, 256.

wenn es damals schon bestand, was allerdings ungewiß ist;[1]) die Klöster
Veronas: S. Marine ad Organum, das auch dem Besitze der Kirche von
Aquileia zugehörte, was von König Karl bestätigt wurde;[2]) s. Firmi[3])
und drei königliche Klöster, welche 816 erwähnt werden: s. Petri in
Mauratica, s. Petri in Ferrariis und s. Thomae, ein Frauenkloster.[4]) —
Bezüglich der Klöster hatte besonders die Frankfurter Synode das Aufsichts=
recht der Bischöfe betont und in Klagefällen dem Abte wie jedem Cleriker
den Instanzenzug vom Bischofe zum Metropoliten und von diesem zum
Könige vorgeschrieben.[5]) Vielfach kam es vor, daß Bischöfe zugleich Äbte
waren, jedoch ist dies nicht in dem Umfange bezeugt, daß man Hauck[6])
beipflichten müßte, wenn er sagt, daß es kaum einen Bischof gegeben haben
dürfte, der nicht zugleich Abt eines oder mehrerer Klöster gewesen wäre. Von
Paulinus wissen wir diesbezüglich nichts.

Überblickt man das kirchliche Leben in dem Organismus des Patri=
archates, so wird man trotz den spärlichen Nachrichten doch sagen dürfen,
daß die Zeit von Paulinus' Regierung große Bedeutung hatte. Durch die
Einbeziehung des Patriarchates in das fränkische Reich, durch Paulinus'
Persönlichkeit und sein Verhältnis zum Könige gelang es, der Metropolitan=
Verfassung festen Ausdruck im Suffragan=Eide zu geben und durch die Ab=
haltung der Provincial=Synode in alle Theile des Patriarchates erhöhte
Regsamkeit im kirchlichen Leben zu bringen mittels Vorschriften für Geistliche
und Volk, durch Beeinflussung der Lebensführung und des Gottesdienstes.
Bezüglich des letzteren sei noch kurz einer Sache Erwähnung gethan, die ganz
speciell das interne Kirchenleben des Patriarchates betrifft, nämlich einiger
Abweichungen der Liturgie vom römischen Gebrauche, die man als „ritus
Aquileiensis" zusammenfaßt, der sich übrigens nicht sehr wesentlich vom
römischen unterscheidet.[7]) Wenn auch die ältesten liturgischen Bücher, welche
uns mit dem aquileiensischen Ritus bekannt machen, erst aus dem zehnten
Jahrhundert stammen, so ist es doch möglich, daß es ältere Codificierungen
desselben gegeben hat, die nicht erhalten sind, und zweifellos, daß bereits
erhebliche Zeit vor der Codificierung die Abweichungen üblich gewesen sein
müssen, um sich als liturgische Regel festzusetzen, so daß wir berechtigt sind,
dieselben auch zu Paulinus' Zeit bereits existierend anzunehmen. Haupt=

---

[1]) Mabillon II, 677.
[2]) Urkunde bei de Rubeis 381 ff.; vgl. oben S. 81.
[3]) Mabillon II, 391.
[4]) Mabillon II, 373.
[5]) Kapitul. von 794, c. 6, Boretius p. 74.
[6]) Kirchengesch. Teutschl. II, 187.
[7]) Siehe darüber: Joppi: „De' libri liturgici a stampa della chiesa d'Aquileja"
Archivio Veneto 31, 227 ff.

fächlich war dieser Ritus in den istrischen Bisthümern üblich, wohin er von Grado aus gelangt war, wo er sich unbestritten erhielt, bis nach der Übertragung des Patriarchates von Grado nach Venedig (1451) auch der römische Ritus Eingang fand. Auch in den zu Aquileia gehörigen Theilen Kärntens, Krains, Steiermarks und der Grafschaft Görz fand der aqui= leiensische Ritus im Laufe der Zeit Eingang. In früherer Zeit und in der hier in Betracht kommenden Epoche war derselbe ausschließlich in Istrien üblich, während die stets zur Metropole Aquileia gehörigen Bisthümer mit Ausnahme des zu Civibale selbst unmittelbar gehörigen Gebietes dem römischen Ritus folgten. Außerhalb von Aquileias Metropolitangebiet folgte Como dessen Ritus. — Ob die Nachricht in Nicolettis „Vita Paulini",[1]) daß nämlich Paulinus die Gebete, welche Bischof Mamertus von Vienne wegen Erdbeben drei Tage vor Christi Himmelfahrt (die Bittage) angeordnet hatte, mit Genehmigung des Papstes von Rom nach Friaul gebracht habe, glaubwürdig ist, muß dahingestellt bleiben. Gegen die Möglichkeit derselben ist nichts einzuwenden.

VI. Capitel.
Paulinus' Stellung in Kirche und Reich.

§ 1. Verhältnis zur kirchlichen und weltlichen Gewalt.

Die Macht der ungewöhnlichen Herrscherstellung Karls umfaßte nicht nur das gesammte Gebiet der weltlichen Interessen, sondern erstreckte sich auch auf die kirchlichen Angelegenheiten seines Reiches derart, daß, wie wir sahen, selbst dogmatische Fragen unter Vorsitz des Königs durch das Votum der Reichsgeistlichkeit entschieden wurden. Diese Stellung Karls in geistlichen Dingen wurde damals auch seitens der Geistlichkeit anerkannt. War doch im Frankenreiche schon die äußerliche Berührung mit der für den Glauben so sorgsamen Reichsregierung eine engere als mit Rom. Im libellus sacrosyllabus[2]) hat Paulinus von Aquileia jener Auffassung prägnanten Ausdruck verliehen: Karl sei „Herr und Vater, König und Priester, aller Christen bestregierender Lenker". Das Wort derselben Schrift, welches Karl den „Herrn der irdischen Welt" nennt, wurde bereits einmal erwähnt.[3]) In gleichem Sinne spricht sich Alcuin, der sicherlich von tiefster Ergebenheit gegen das Papstthum beseelt war, aus, wie dies aus seiner

---

[1]) Bei Madrisius LXVIII, col. 2, § XV.
[2]) Cap. XIV, Madrif. p. 7.
[3]) S. oben S. 13.

Corresponbenz erfichtlich ift.[1]) Immerhin lag es in der Natur diefer Stellung Karls zur Kirche, daß fie zu einzelnen Collifionen führte. Wir haben dies in der Verwerfung der Nicänifchen Synode beftätigt gefunden, bei welcher Paulinus anwefend, und fonach wohl betheiligt war. In gleicher Weife vertrat diefer durch die Reception des „filioque" den königlich fränki= fchen Standpunkt, allerdings nicht in offenkundiger Stellungnahme gegen den Papft, der feine Anficht hierüber erft fpäter präcifierte.[2])

Es wurde mehrfach in verfchiedenen Darftellungen, welche des Patri= archen Paulinus Erwähnung thun, die Behauptung aufgeftellt, daß die Anfprüche, welche Paulinus für feinen Rang erhob, fo groß gewefen feien, daß der Papft fich (790) bei Karl geradezu über ihn befchwerte. Der Satz ift Büdinger[3]) entlehnt, der hiefür Mabillon[4]) als Gewährsmann citiert. Diefer ftützt jene Anficht auf einen Brief Papft Hadrians an Abt Maginarius von St. Denis, den er felbft an anderem Orte[5]) abgedruckt hat. In diefem Schreiben befchwert fich der Papft darüber, daß „...... Ianensis Paulinus et Theudulfus contemnerunt privilegium, quod a nobis tuae sanctitati Apostolicae auctoritatis porrectum est ....". Jene beiden hätten ferner in phantaftifcher Ehrfucht es gewagt, fich einen Titel anzumaßen, der dem des Papftes ähnlich fei, um das Apoftolat und höchfte Pontificat zu befitzen, Hadrian wünfcht, daß die beiden durch Karl zur Befferung gebracht würden. — Der feltfame Inhalt diefes Briefes, welcher befonders die hohe Stellung des Papftthums betont, veranlaßte Pflugk=Hartung,[6]) an feiner Echtheit zu zweifeln und feine Entftehung nach Pfeudo=Ifidor zu fetzen. Auch Dümmler[7]) fieht nicht ein, wie Paulinus und Theodulf in die Lage hätten kommen können, die Rechte des Klofters von St. Denis zu verletzen. Aber abgefehen von der Frage der Echtheit des Briefes läßt fich aus der un= vollftändigen Form ...... Ianensis gerade nur fo viel folgern, daß fie nicht auf Aquileia (Aquileiensis) bezogen werden kann, der genannte Pau= linus daher nicht der Patriarch diefes Namens ift, der unmöglich in Sanct Denis etwas zu fchaffen haben konnte, denn auch in der Eigenfchaft als missus dominicus wirkte er nur in Italien.[8]) Ob man etwa an Aurelia-

---

[1]) Alc. epp. 111, 174, 179; Epp. IV, 159 ff., 287 ff., 296 f. [Jaffé 69, 114, 120, VI, 323 ff., 464 ff. 488 ff.] u. a.

[2]) Vgl. darüber oben S. 79 f.

[3]) Öfterr. Gefchichte I, 145.

[4]) Ann. ord. S. Benedicte II, 295 f.

[5]) De re diplom. p. 492.

[6]) Diplomatifch=hiftorifche Forfchungen, S. 108.

[7]) Poetae latini I, 437 n. 8. Derfelbe hat fpäter allerdings feinen Zweifel wider= rufen, aber ohne Erklärung. N. Arch. VII, 401.

[8]) Vgl. unten S. 103 f. Hier wirkte er fogar gemeinfchaftlich mit einem Nachfolger des Maginarius, dem Abte Farbulf von St. Denis.

nensis und damit an Theodulf von Orleans denken könnte, ob der unklare Ortsname sich auf eine oder beide genannte Personen bezieht, ist bei dem corrumpierten Texte nicht zu sagen.

Wir haben keinen Grund, Paulinus den Vorwurf eines Übergriffes über seine Stellung zum Nachtheile des Papstthumes zu machen. Auf der Frankfurter Synode hat er das Vorrecht Papst Hadrians bezüglich der Entscheidung bei der Fixierung des Synodalbeschlusses ausdrücklich betont.[1]) Ebenfalls in Angelegenheiten des Adoptianismus scheint er sich direct an den Papst gewandt zu haben. Der Inhalt eines Brief-Fragmentes,[2]) dessen Stil entschieden Paulinianisch ist, scheint sich auf die Bekehrung des Bischofs Felix zu beziehen, welche der Papst veranlassen möge. Möglicherweise lag darin eine Anregung zu der 799 in Rom gegen den Adoptianismus abgehaltenen Synode. Sonst besitzen wir keine Nachrichten über Beziehungen des Patriarchen zum Papste. Dafs Paulinus zu irgend einer Zeit nach Rom kam, ist sehr wahrscheinlich, aber nicht nachweisbar. Aus Briefen Alcuins[3]) erfahren wir wohl, dafs Paulinus mit Arno auf dessen Romreisen zusammentraf; dies kann aber auch in der Heimat des Patriarchen der Fall gewesen sein. Aus einer Stelle in Alc. ep. 157 [J. 106],[4]) in welcher Alcuin von Arno zu erfahren wünscht, wie der Papst ihn empfangen habe, und wie Paulinus mit ihm verkehrt habe, und wohin dieser sich wandte, ist allerdings zu folgern, dafs Arno mit dem Patriarchen 798 wahrscheinlich außer dessen Residenz zusammentraf, aber keine nothwendige Beziehung auf Rom gegeben.

Paulinus hat über dem thätigen Interesse an den Angelegenheiten des Reiches und seiner Ergebenheit gegen Karl durchaus nicht den specifisch geistlichen Standpunkt verloren, sondern sein Verhalten ist eines der besten Beispiele, welche das gegenseitige Durchdringen geistlicher und weltlicher Interessen jener Zeit bei Einhaltung der Grenzen dieser beiden Sphären erkennen läfst. Er hat auf der Frankfurter Synode im libellus sacrosyllabus[5]) Gelegenheit genommen, den Wunsch auszusprechen, Karl möge über die Feinde Christi triumphieren. Der Grund dafür ist ihm die daraus resultierende Ausbreitung des Glaubens und die Erlangung des Friedens für die Kirche. Wohl hatte Karl auf der Reichstags-Synode zu Worms (781) gewährt, dafs die Bischöfe nicht mehr gezwungen sein sollten, an den Kriegszügen persönlich theilzunehmen, und nur zwei oder drei zum

---

[1]) S. oben S. 62 f.

[2]) Epp. IV, 527, no. 19 (Madrisius, epist. fragm. IV, col. 189 f.)

[3]) Alc. epp. 157 und 186, Epp. IV, 255 f. u. 311 ff. [Jaffé 106 und 126, VI, 440 ff. und 510 ff.]

[4]) A. a. O.

[5]) Madrisius p. 7.

Zwecke der Seelsorge mitziehen sollten;[1]) die thatsächliche Übung entsprach dem aber doch nicht. Paulinus betont es daher rückhaltslos, daß die Bekämpfung der weltlichen Feinde die Sache des Königs sei, die Kirche aber kämpfe mit geistlichen Waffen gegen die unsichtbaren Feinde; sie könne nicht zweien Herren dienen, die Priester sollen in Ruhe Gott allein dienen können. Dieselbe Mahnung und Bitte findet sich, fast wörtlich übereinstimmend, als erstes der von Madrisius nach dem Vorgange Baluzes[2]) dem Patriarchen zugeschriebenen Brief-Fragmente.[3]) Madrisius hält es für eine nach dem libellus geschriebene Mahnung an Karl, indem er sich auf eine Äußerung Karls in einem von Baluze[4]) aufgenommenen angeblichen Capitulare desselben stützt, in welchem der König erklärt, daß er, über apostolische und bischöfliche Ermahnung seinen Fehler gutmachend, wolle, daß kein Priester zu Feld ziehe. Das Capitulare ist aber unecht, aus Benedictus Levitas Sammlung entnommen.[5]) Ob das Brief-Fragment echt ist oder nicht, oder ob in der Handschrift vielleicht nur ein variierendes Excerpt aus dem libellus vorliegt, läßt sich nicht entscheiden. Für die Beurtheilung des Patriarchen kommt es auch weniger in Betracht, ob er diese Mahnung zweimal vorgebracht hat, als daß er sie überhaupt ausgesprochen hat.

Auch ein anderes Brief-Fragment, das Paulinus zugeschrieben wird,[6]) enthält Wünsche und Beschwerden, die sich allerdings zunächst gegen die Verweltlichung des Clerus richten, aber der Patriarch macht auch darauf aufmerksam, daß das concilium Africanum bestimme, daß ein allgemeines Concil nur bei absoluter Nothwendigkeit zu veranstalten sei, und daß die Bischöfe daselbst nicht zu lange zurückgehalten werden sollten, da sonst das Volk, der Geistlichen entbehrend, Abbruch an der Religion erleide, wie man dies aus dem kirchengeschichtlich überlieferten Verfahren Kaiser Julians ersehe. Solche Worte würden ganz dem Eifer für die Seelsorge entsprechen, wie ihn der Patriarch in den Bestimmungen der Friauler Synode bekundete. Für seine Autorschaft spricht eine Stelle des Fragmentes, in welcher beklagt wird, daß Geistliche es wagen, ihrem Sitze länger als drei Wochen fernzubleiben, indem in cap. 41 der Frankfurter Synode von 794,[7]) auf welcher der Patriarch so hervorragend wirksam war, eben ein diesbezügliches Verbot erlassen wird. Karl hat auch von der Synode die Genehmigung eingeholt.

---

[1]) Hefele: Conciliengesch. III², 626.
[2]) Miscellanea (ed. Mansi) tom. III, 10 ff.
[3]) Madrisius, epistol. fragm. I, p. 187; Epp. IV, 525, no. 18a.
[4]) Capitularia reg. Franc. no. 8 ex 803, col. 409.
[5]) LL. sect. II/₁, 453.
[6]) Epp. IV, 525 f., no. 18b (Madrisius, epp. fragm. II, p. 187 f.)
[7]) LL. s. II/₁, p. 77.

Bischof Hilbebold bei sich behalten zu dürfen.[1]) Die von Mabrisius[2]) betonte Übereinstimmung dieses Briefes mit dem Aachener Capitulare von 816 bezieht sich fast nur auf ein Citat, das Paulinus anwendet, und scheint mir neben= sächlich.

In einem dritten Briefe bittet der Patriarch den König, die Geistlichen und auch die übrigen Stände zur Erfüllung ihrer Pflichten anzuhalten.[3]) — Jedenfalls sind die Äußerungen im libellus sacrosyllabus und in diesem Schreiben Zeichen einer offenen Gesinnung und entschiedenen Haltung des Patriarchen der weltlichen Gewalt gegenüber, die umso mehr Gewicht haben mochten, als er dieser ja bedeutende Unterstützung geliehen hatte.

Aber auch diese Stellung zum Reichsoberhaupte ist wie die zum Papste auf Grund unzuverlässiger Zeugnisse mißdeutet worden, indem Paulinus zugemuthet wird, durch seine Opposition Karl zum Aufgeben einer beab= sichtigten Einziehung und Vertheilung von Kirchengut gebracht zu haben,[4]) und indem er als Miturheber eines Capitulares betrachtet wird, in dem die Benachtheiligung des Kirchengutes durch Laien als ungesetzlich verboten wurde.[5]) Paulinus wird hiezu in Beziehung gebracht durch eine Rand= bemerkung eines Rheimser Codex zu dem erwähnten Capitulare, deren von Mühlbacher[6]) nach einer Abschrift Havets gegebener Text besagt, daß jenes Capitulare zur Zeit Papst Hadrians und Kaiser Karls des Großen ent= standen sei, als Paulinus als apostolischer Legat in Aachen den Vorsitz führte, und zwar wegen der Bedrohung des Kirchengutes, welche näher erläutert wird. Ferner sagt Hinkmar von Rheims in einem Schreiben an Karl den Kahlen,[7]) daß dessen Großvater über Kirchengüter verfügen wollte, jedoch wegen des Widerstandes der Bischöfe, speciell des Patriarchen Paulinus, davon abgestanden sei. Die Differenz der Randbemerkung, daß Hadrian nicht mehr lebte, als Karl Kaiser war, suchte Baluze[8]) durch Ein= setzung Leos für Hadrian zu beheben und schrieb das Capitulare daher der Aachener Synode von 802 zu, die bis in das Jahr 803 gedauert habe. Roth[9])

[1]) C. 55, Boretius p. 78.

[2]) In epistolam II observatio § II, p. 188.

[3]) Epp. IV, 526 f., no. 18 c. (Madrisius epp. fragm. III, p. 189). In indirecter Rede, aber sonst wörtlich wiederholt in einem Briefe Theodulfs an Erzbischof Magnus von Senon (Epp. IV, 533 f., no. 24) als ein Lob für Karl (weil er das thue, was Pau= linus als Bitte ausspricht). Dümmler in Epp. IV, 616,45.

[4]) de Rubeis col. 359 f.; nach ihm noch viele andere.

[5]) 77 Cap. des I. Buches der Capitulariensammlung des Ansegis (ed. Boretius, LL. s. II/1, 405).

[6]) „Ein angebliches Capitular Karls d. Gr." in Mitthlg. d. Instituts f. österr. Geschichts= forschung I, 608.

[7]) Baluzius: Capitul. col. 1058.

[8]) Ebenda col. 1059.

[9]) „Feudalität und Unterthanenverband" S. 108 f.

widerlegte Baluze, indem er anführt, daß Paulinus schon 802 starb, und daß der Kaisertitel durch spätere Aufzeichnung erklärlich sei; man habe sich an Hadrian in Bezug auf den Zeitansatz zu halten, und da Paulinus, wenngleich als in Aachen anwesend, genannt wird, so komme man doch auf die Frankfurter Synode von 794, wo er als Legat des Papstes präsidiert habe.

Dagegen führte Mühlbacher[1]) aus, daß Paulinus in Frankfurt nicht Legat war und nicht präsidierte, und daß ferner nirgends die Rede von diesen Verhandlungen auf der Frankfurter Synode ist, über welche wir sehr ausführlich unterrichtet sind. Aber auch bei Annahme von Baluzes Correctur ergebe sich kein Datum, da Paulinus auf der Aachener Synode des Jahres 800 (nach unseren Ausführungen 799)[2]) nicht zugegen gewesen sei. Dazu kommt, daß das erwähnte Capitulare auch unter denen Ludwigs vorkommt,[3]) und nach Mühlbachers Ausführungen höchst wahrscheinlich erst unter diesem entstanden ist, womit jede Beziehung des Patriarchen zu demselben von selbst fällt. Hält man die erwähnte Behauptung Hinkmars von Rheims in dem Schreiben an Karl den Kahlen damit zusammen, daß der conforme Inhalt der Randbemerkung sich in einem Rheimser Codex befindet, so wird man vielleicht die Vermuthung aussprechen dürfen, daß Hinkmar ein nachahmenswürdiges Beispiel vorführen und den für die Kirche so wichtigen Bestimmungen von Ludwigs Capitulare die Beziehung auf die verehrte Person Karls geben wollte, der in dieser Angelegenheit der Einsprache des Patriarchen nachgäbe, besonders da Hinkmar Karl dem Kahlen Verehrung für die Meinungen derjenigen empfiehlt, welche durch katholische Gelehrsamkeit und Heiligkeit des Lebenswandels sich auszeichneten, wie Beda, Paulinus und Alcuin.[4]) Daß die Reminiscenz an den Patriarchen Widersprüche aufweist, ist dabei gar nicht zu verwundern.

Ich halte demnach die Behauptung von der Opposition des Patriarchen gegen Karl und der Antheilnahme an dem erwähnten Capitulare, sowie die daraus gezogene Folgerung bezüglich der Anwesenheit in Aachen für unbegründet. Nachweislich hat er nur der Regensburger (792) und Frankfurter Synode (794) angewohnt. Durch die Anwesenheit auf letzterer war Paulinus ein Mitglied der geistlichen Versammlung, vor welcher die Angelegenheit Tassilos formell endgiltig geordnet wurde.[5])

Seine hauptsächlich gegen den Adoptianismus gerichtete Thätigkeit auf jenen Synoden und ihre Rückwirkung auf die Angelegenheiten der Kirche

[1]) A. a. O. S. 613.
[2]) Oben S. 69 f.
[3]) Ll., I, 206.
[4]) Bei Flodoard: Hist. Remensis l. III., c. XV. (SS. XIII, 505.)
[5]) Synodal-Acten c. 3. (Boretius p. 74.)

von Aquileia ist bereits ausführlich dargestellt worden.[1]) Sie ist insoferne eine Mitwirkung an den Reichsaufgaben, als der Adoptianismus von reichswegen bekämpft wurde. Ebenso verbindet sich in der besprochenen Antheilnahme des Patriarchen an dem Avarenfeldzuge des Jahres 796 das geistliche Interesse der Ausbreitung des Glaubens mit dem Reichs= interesse, das er hieburch förderte. Dafs er in dieser Thätigkeit einerseits die Verwirklichung auch des geistlichen Berufes sah, andererseits aber doch das Gefühl hatte, hieburch von den geistlichen Pflichten im eigenen Wirkungskreise einigermaßen abgezogen zu werden, findet in seinen ein= leitenden Worten bei der Eröffnung der Friauler Synode seinen Ausdruck, indem er sagt, dafs die Abhaltung einer Provincial=Synode zwar bisher (796) unterblieben sei, aber der Zweck derselben insoferne nicht ganz und gar unerfüllt blieb, als er ja öfter bei den großen Reichs=Synoden gewesen sei; die Berufung erfolge nun nach Erlangung des Friedens und — der lateinische Ausdruck ist sehr charakteristisch — „paululumque respirantibus regalibus iussis".[2]) Auch Paulinus' Freund, Arno, hatte Alcuin gegenüber über das unruhige, mit weltlichen Geschäften überbürdete Leben geklagt;[3]) freilich stand er ungleich mehr als der Patriarch in dem weltlichen, politischen Getriebe.

Indessen hat auch Paulinus eben in Gemeinschaft mit Arno ein völlig weltliches Amt bekleidet, indem er die wichtige, hohe richterliche Befugnis eines missus dominicus ausübte. Der biesbezügliche Sachverhalt ist folgender: Gaibald, ein königlich langobardischer Leibarzt, hatte das Kloster des heiligen Bartholomäus bei Pistoja gegründet und mit Schenkungen bedacht (767).[4]) Später, unter König Pippin, hatte dessen Bajulus Rotechild den Abt Ildepert vertrieben, und ein Bayer Nibelung (Nebuluncus) das Kloster als beneficium erhalten, unter dem es die Vortheile der Immunität einbüßte, die es besessen hatte. Diese erlangte das Kloster wieder durch ein placitum, das Adalhard von Corbie als missus dominicus im Jahre 812 hielt.[5]) In dem Urtheile wird der erzählte Hergang erwähnt, sowie auch, dafs Nibelung abgesetzt und der rechtmäßige Abt Ildepert wieder eingesetzt wurde durch Beschlufs eines placitum, auf welchem Ildepert vor zwölf Richtern klagte, unter denen der Patriarch Paulinus, der Erzbischof Arno, der Abt Farbulf und der Pfalzgraf Echerigus als missi dominici

---

[1]) Siehe oben cap. IV, § 1, A (S. 57 ff.) und cap. V, § 2 (S. 84 ff.)

[2]) Synodica bei Mansi XIII, col. 834.

[3]) Alc. epp. 159 und 253, Epp. IV, 257 f. und 408 ff. [Jaffé 108 und 188 VI, 445 ff. und 662 ff.]; vgl. Zeißberg: „Alcuin und Arno", Ztschrft. f. österr. Gymn. 1862, S. 97, N. 39.

[4]) Muratori: Antiquitates V, 949 f.

[5]) Muratori: Antiquitates V, 953 f.

fungierten;[1]) als ihr Wirkungskreis ist ganz allgemein Italien genannt
Allerdings wissen wir, dass zwei der genannten missi, Arno und Farbulf
798 in Rom waren,[2]) aber als Gesandte an den Papst. Aus dem Zu=
sammentreffen dieser beiden Persönlichkeiten lässt sich der Schluss ziehen,
dass das placitum von Pistoja, an dem sie betheiligt sind, eben in das
Jahr 798, und zwar in den Anfang desselben fällt,[3]) da Arno im Früh=
jahre nach Aachen zurückkehrt. Nimmt man hiezu, dass Alcuin im September
798 sich bei Arno beklagt,[3]) dass dieser ihm nichts über die Aufnahme
beim Papste und über den Verkehr mit Paulinus mitgetheilt habe, sowie
wohin dieser sich wandte, so ist auch für Paulinus der Beweis für das
Zusammentreffen und damit der Abhaltung des placitum von Pistoja im
Jahre 798 erbracht.

Paulinus war sohin nicht nur in theologischen Angelegenheiten Ver=
trauensmann des Königs, sondern mit den Besten des Reiches erhielt er
auch den hohen richterlichen Auftrag, dem er sich bereitwillig unterzog, wie
das seiner Ergebenheit gegen Karl entsprach.[5])

Es ist uns kein zweites, sicheres Zeugnis von seiner Thätigkeit als
missus dominicus überliefert; allein es scheint mir am passendsten, in diesem
Zusammenhange einen dem Patriarchen zugeschriebenen Brief, die „epistola
de Heistulfo“,[6]) welche eine Art richterlichen Erkenntnisses zu enthalten
scheint, zu behandeln. Der Inhalt ist in kurzem folgender: Ein Mann,
namens Aistulf, hat auf die Aussage eines unzuverlässigen und verbrecheri=
schen Zeugen hin seine Frau getödtet. Es wird ihm nun zur Buße vorgeschlagen:
entweder ins Kloster zu gehen, oder, was ihm härter fallen werde, öffent=
liche Buße zu thun, deren Wesen ihm detailliert auseinandergesetzt wird.
Dieser zweite Rathschlag wird dann nochmals in wenig veränderter Form
wiederholt. — Waitz,[7]) sowie Jaffé und Ewald[8]) bezogen den Brief auf den
Langobardenkönig Aistulf als Adressaten und Papst Stephan II. (III.) als
Absender, und hielten ihn für unecht; Dümmler[9]) dagegen behauptete seine
Echtheit, indem der Brief nichts mit dem Könige Aistulf zu thun habe. Auf

[1]) Muratori: Antiquitates V, 953.
[2]) Zeißberg, Wr. Sitzber., ph.-h. Cl. 43, S. 323 und Abel-Simson II, 137, N. 4.
[3]) Zeißberg, a. a. O. 341; Abel-Simson wie oben N. 2.
[4]) Alc. ep. 157, Epp. IV, 257 f. [Jaffé 106, VI, 440 ff.]
[5]) Charakteristisch für diese sind seine Worte an Markgraf Erich im liber exhortationis c. 9 (ed. Madrisius p. 26): „Quid si a rege legatio aut indiculus ad nos veniret,
numquid non mox aliis curis postpositis prompta voluntate et cum omni devotione
litteras acciperemus.“
[6]) Epp. IV, 520 ff. [Madrisius p. 15 f.]
[7]) N. Archiv I, 422 und III, 282.
[8]) Jaffé-Ewald, Regest. pontif. no. 2334.
[9]) N. Archiv III, 659.

diesem Standpunkte steht auch das Decretum Gratiani, welches Stephan V. als den Verfasser bezeichnet.[1]) Dem Patriarchen Paulinus wurde dieser, an einen unbekannten Aistulf gerichtete Brief von de Rubeis[2]) und Madrisius[3]) zugeschrieben. Sie stützen sich darauf, daß in der Decretalen=Sammlung des Burchard, die älter als das Gratianum ist, Paulinus als Verfasser bezeichnet wird, und besonders auf eine Stelle bei Flodoard,[4]) in welcher derselbe erzählt, daß der Erzbischof Vulfad von Bourges den Erzbischof Hinkmar von Rheims um Übersendung der Sentenz des Paulinus betreffs solcher, die in der Aufregung einen Todtschlag an der Gattin begehen, gebeten habe, worauf Hinkmar ihm dieselbe schriftlich mittheilte. Dieses Zeugniß, sowie die Erwähnung von Paulinus' Schreiben durch Hrabanus,[5]) scheint mir für die Zugehörigkeit des Briefes an Paulinus zu sprechen, in welchem die Verhängung der erwähnten Kirchenstrafe oder der Eintritt ins Kloster dem Übelthäter freigestellt wird. Ich möchte darin einen Act kirchlicher Jurisdiction über einen Angehörigen des Patriarchats=Sprengels erblicken und habe ihn daher dem überlieferten Acte seiner weltlichen Rechtsprechung an die Seite gestellt.

Die Stellung des missus dominicus hat wesentlich die Bedeutung einer Stellvertretung der königlichen Gerichtsgewalt. Im Namen dieser hat Paulinus mitgewirkt an der besprochenen Aufhebung einer Verfügung von Pippins Erzieher Rotechild. Kehrt jene sich auch gegen einen Willküract des= selben, so liegt doch darin eine scharfe Charakterisierung der Abhängigkeit von Pippins langobardischem Königthume gegenüber dem Reiche. Leider sind wir über die Verhältnisse an Pippins Hofe sehr ungenügend unterrichtet; stehen ja selbst die Personen, welche die wichtigsten Hofämter bekleideten, nicht fest.[6]) Daher läßt sich auch das Verhältnis des Patriarchen von Aquileia zur königlich langobardischen Regierung nicht fassen. Der Urtheilsspruch gegen Rotechilds Verfügung fällt bereits in die Zeit von Pippins Selbständigkeit und wird von Pippins Pfalzgrafen Echerigus mitgefällt. Ein specieller Ein= fluß des Patriarchen auf Pippin ist nicht nachweisbar. Er begleitete den jungen König auf dem Feldzuge des Jahres 796 in das Avarenland und wurde von demselben zu der Bischofs=Conferenz über die Heidentaufen berufen;[7]) er wird wohl auch an den Berathungen der Capitula theil= genommen haben, welche als „cum Italiae episcopis deliberata" bezeichnet

---

[1]) Vgl. de Rubeis col. 394.
[2]) A. a. O. col. 394.
[3]) Praefatio in glossam et notas p. 16.
[4]) Histor. Remens. l. III, c. 21. (SS. XIII, 517.)
[5]) Dümmler, Epp. IV, 520 f. n. 1.
[6]) Vgl. Abel=Simson II, 435 f.
[7]) Siehe oben S. 43.

werben, wesentlich eherechtliche Bestimmungen enthalten und in die Zeit von 790—800 fallen.[1]) Bei der Ungewißheit ihrer Entstehung vor oder nach der Friauler Synode (796) muß es unentschieden bleiben, ob bei der gegenseitigen Übereinstimmung[2]) eine Beeinflussung der königlichen Regierung durch Paulinus oder das Umgekehrte vorliegt. Was die Behauptung der Vita Paulini von Nicoletti[3]) anlangt, daß Paulinus die Geltung ver= schiedener Rechte nebeneinander zu beseitigen suchte, was bei seinen Lebzeiten, aber nicht mehr unter seinen Nachfolgern gelungen sei, so ist dagegen zu bemerken, daß die angeführte Thatsache nicht richtig ist, indem die all= gemeinen Zusätze zu den bisher geltenden Volksrechten erst 803 verkündigt wurden,[4]) und selbst dann noch in Italien bei Streitfragen unter sich Lango= barden und Römer sich ihres eigenen Rechtes zu bedienen hatten.[5]) Bei dieser Verkennung der Thatsachen wird man jener Nachricht wohl auch in Bezug auf das angebliche Streben des Patriarchen nach Nivellierung der Rechtsunterschiede keinen Glauben beimessen dürfen.

Neben der Stellung zur obersten Reichsgewalt, wie sie durch Karl und Pippin vertreten war, hatte die zu den Grafen in den einzelnen Gebieten des Patriarchates besondere Bedeutung. Waren doch Bischof und Graf über= haupt vielfach auf gemeinsame Action und gegenseitige Unterstützung an= gewiesen, um wie viel mehr gerade hier, wo Markgraf und Patriarch zusammen im Kampfe gegen die Feinde des Reiches und des Glaubens standen. Da ja zudem der Sitz des Markgrafen oder, wie er auch hieß, des Herzogs von Friaul — damals Erich — die Hauptstadt Forumiulium war, so war die Gelegenheit zu steter Berührung mit dem Patriarchen gegeben,[6]) aus welcher sich ein Verhältnis gegenseitiger Hochschätzung und Zuneigung bildete. Erich empfängt des gelehrten Patriarchen Rath in Sachen seines Amtes wie seiner privaten Lebensverhältnisse.[7]) Alcuin hatte Erich brieflich an Paulinus als den ausgezeichneten, mit den Vorschriften der Frömmigkeit und eines gottgefälligen Lebens vertrauten Meister gewiesen,

---

[1]) Boretius p. 202.

[2]) Siehe darüber oben S. 92 f.

[3]) Bei Madrisius p. LVIII, col. 1, § VI.

[4]) Vgl. Abel=Simson II, 286 f.

[5]) Capitulare Karolo M. adscriptum, no. 14, Boretius p. 218 f.

[6]) Alc. ep. 98, Epp. IV, 142 [Jaffé 55, VI, 283 f.] an Erich: „si tibi .... Pau= linus meus praesto non esset."

[7]) Die enge Wechselbeziehung, die diesfalls herrscht, sowie die Beschaffenheit der Quellen hiefür (Paulinus' „liber exhortationis" und „versus de Herico") rechtfertigen es, wenn hier die Darstellung des Verhältnisses zwischen Patriarchat und Markgrafenthum, dem nächsten Abschnitte vorgreifend, zugleich die der persönlichen Beziehungen zwischen Paulinus und Erich wird.

ter ihm zur Verfügung stehe. An ihn solle er sich als den Berather seines ewigen Heiles halten.[1]) Und der Patriarch hat sich auch als solcher erwiesen, indem er für Erich den „liber exhortationis" schrieb.

Sowohl über den Verfasser wie über den Empfänger des Buches galten früher andere Meinungen. Es wurde gewöhnlich unter dem Namen des „liber de salutaribus documentis" dem heiligen Augustinus zugeschrieben, bis die Mauriner es Paulinus zuwiesen, gestützt auf eine Note einer Handschrift der Bibliotheca Colbertina, die sie bis auf die Zeit des Patriarchen zurückgehend hielten, in welcher es heißt: „sermo Beati Paulini Foroiuliensis episcopi cuidam amico suo in saeculo militanti pacem et prosperitatem, salutem et gaudium sempiternum optat in Domino Jesu Christo, Salvatore nostro", und bestärkt durch die oben erwähnte Briefstelle Alcuins. Die Unmöglichkeit der Autorschaft des heiligen Augustinus erwies sich durch die Benützung des Pomerius, eines Schriftstellers des fünften Jahrhunderts.[2]) Aus dem Werke selbst ergibt sich, dass es für einen im öffentlichen Leben stehenden Laien von Rang und in leitender Stellung geschrieben ist, dem auch eine kriegerische Aufgabe obliegt. Hält man dies mit der Briefstelle Alcuins zusammen, so kommt man auf Erich, als denjenigen, dem dieses Buch gewidmet ist, was ebenfalls zuerst von den Maurinern (in der Ausgabe der Werke des heiligen Augustinus) erkannt wurde.[3]) Dass de Rubeis[4]) dies Buch nicht dem Herzoge Erich, sondern dessen angeblichem Sohne, dem Grafen Hunroc (Heinrich) zuweisen will, beruht auf dessen irriger Unterscheidung des langobardischen dux und fränkischen comes.[5])

Wann Paulinus dasselbe verfasst hat, lässt sich nicht bestimmt sagen. Man wird annehmen dürfen, dass es nach 796 geschehen sei, da Alcuins Brief an Erich dessen Siege, und dessen wahrscheinlich 796 erfolgten Besuch bei Alcuin[6]) voraussetzt. — Der Inhalt dieses Ermahnungsbuches ist allerdings mehr allgemein gehalten, als speciell Erichs Stellung berücksichtigend; immerhin aber enthält es einige Rathschläge der zweiten Art, die am besten zeigen, dass das Werk für den Markgrafen bestimmt war. So empfiehlt ihm Paulinus Vorsicht bei der Wahl seiner Umgebung und warnt ihn dringlich vor Schmeichlern, damit nicht sein Seelenadel, den er kenne, durch die Bosheit anderer verdunkelt werde, sondern er liebenswert vor Gott und allem Volke

---

[1]) Alc. ep. 98. [J. 55] a. a. O.

[2]) Vgl. Histoire liter. d. l. France IV, 289 f. und Madrisius: „in librum exhortationis ad Henricum ducem Forojul. dissertatio prima" p. 196, col. 1.

[3]) Vgl. Büdinger, a. a. O. S. 142, N. 3.

[4]) Mon. Aquil. col. 370 ff.

[5]) Büdinger a. a. O.

[6]) Epp. IV, 142. n. 4 [Jaffé VI, 283, n. 4].

erſcheine.[1]) Auch räth er ihm mit Rückſicht auf das Wohl der ihm unter=
gebenen Menge, ſich gute und gottesfürchtige Rathgeber zu wählen;[2]) darin
liegt doch ſicherlich ein Beweis für die herrſchende Stellung deſſen, den
dieſe Worte angiengen. Den Freuden der Welt möge er entſagen,[3]) auch
die ihm Unterſtellten zu ordentlichem Lebenswandel verhalten.[4]) Gleichwie
im libellus sacrosyllabus[5]) vergleicht und ſcheidet auch hier Paulinus
weltliche und geiſtliche Thätigkeit, wie ſie einerſeits Erich und andererſeits
ihm zukam, als einen Kampf mit ehernen Waffen gegen ſichtbare Feinde
und einen Streit mit geiſtlicher Wehr gegen die unſichtbaren Gegner;[6]) und
der Patriarch, der einen Feldzug gegen die Avaren mitgemacht hatte, zeigt
ſich ſehr erfahren in den Einzelheiten ſoldatiſcher Rüſtung. Doch auch geiſt=
lichen Übungen ſoll der Markgraf obliegen, die Beichte ablegen, und die
heilige Communion empfangen. Auch die Fehler zählt der Patriarch auf,
die er meiden, die Tugenden, die er üben ſoll; Güte, Leutſeligkeit und Frei=
gebigkeit, die genannt ſind, weiſen auf des Ermahnten hohe Stellung.

Erſcheint in dieſer Schrift, die Erichs Neigung zu geiſtlicher Lectüre[7])
Rechnung trug, Paulinus hauptſächlich als der väterliche geiſtliche Berather,
ſo tritt dagegen die warme Freundſchaft und hohe Wertſchätzung, die beide
Männer verband, lebhaft in dem Trauergedichte hervor, das der Patriarch
auf den Tod Erichs, der bei Terſatto gegen die Kroaten fiel (799), ver=
faſste.[8]) Paulinus nennt Erich darin direct ſeinen Freund; aber mehr als
dies ſpricht dafür die wirklich tiefe ſchmerzliche Empfindung, die das Gedicht
zum Ausdrucke bringt. Er ruft die Flüſſe auf, welche den Tod des Herzogs
beklagen ſollen: Die Donau, die Save, Theiß, Kulpa, Mur, den Natiſone,
die Gurk,[9]) den Iſonzo, und die Städte: Sirmium, Pola, Aquileia, Civi=
dale, Cormons, Oſopo, Ceneda, Aſti, Albenza,[10]) beſonders aber die Vater=
ſtadt Erichs, Straßburg, welcher der Patriarch den einſtigen ſtolzen Namen
Argentea dem Freunde zu Liebe wieder gibt. Erich ſei milde und von

---

[1]) Lib. exhort c. 6 (ed. Madrisius).
[2]) C. 6.
[3]) Cc. 11—14.
[4]) C. 29.
[5]) Siehe oben S. 63.
[6]) C. 20.
[7]) Alc. ep. 98, Epp. IV, 142 [J. 55, VI, 283 f.].
[8]) Poet. Lat. I, 131 f.
[9]) Daſs mit der Corca wahrſcheinlicher die Gurk (Corcora) als die dalmatiniſche Kerka
gemeint iſt, darauf hat Dümmler, Wr. Sitzber. 20, 385, A. 2 aufmerkſam gemacht.
[10]) Genauere Aufſchlüſſe über den Wirkungskreis des Markgrafen von Friaul ergeben
ſich aus dieſer Aufzählung nicht. Ceneda erſcheint zu Friaul gerechnet, wie es ja auch zur
Diöceſe Aquileia gehörte (Siehe oben S. 32 und 35). Auch Dümmler: Oſtfrk. R. II, 14,
A. 35, läſst es im Zweifel, ob dem Markgrafen weſtlich der Livenza etwa auch die Graf=
ſchaft Treviſo unterſtand, oder ob dort wie in Verona eigene Grafen ſchalteten.

ſcharfem Verſtande, ein tüchtiger Krieger, freigebig gegen die Kirche, ein Vater der Armen, ein Beſchützer von Unglücklichen und von Witwen und bei dem Clerus beliebt geweſen.[1]) Hierauf wird ſein Verdienſt geprieſen, die Barbaren zwiſchen der Drau und der Donau in den mäotiſchen Sümpfen, am Meere und an der Grenze Dalmatiens unterworfen zu haben.[2]) Die Küſte von Liburnien und der Laurentiſche Berg werden verflucht, das geſammte Pflanzenleben (es wird dies im einzelnen ausgeführt)[3]) ſoll dort erſterben, weil Erich dort fiel, von Pfeilen und Steinen zu Boden geſtreckt, nachdem ihm Schild und Lanze zerbrochen waren.[4]) Allgemein und groß ſei der Jammer aller über die Todeskunde geweſen. Zuletzt bittet Paulinus Gott, er möge Erich die Freuden des Paradieſes zutheil werden laſſen.

Es iſt wohlthuend, wenn man dies edle perſönliche Verhältnis zweier bedeutenden Männer gewahrt, die, ſich gegenſeitig ergänzend, an einer großen hiſtoriſchen Aufgabe mitgewirkt haben.

Für Erichs Wohlgeſinntheit gegen die Kirche von Aquileia haben wir ein Zeugnis in einer Urkunde des Patriarchen Paganus, im Jahre 1328 der Kirche „Sancti Nicolai de Sacillo“ ausgeſtellt,[5]) in der es heißt, daß Herzog Erich, ein Alamanne aus vornehmem Geſchlechte, in Sacile zu Ehren des heil. Nikolaus eine Pfarrkirche gründete und dortſelbſt auch eine Stadt oder Feſtung erbauen wollte, die nach ihm geheißen ſein ſollte, was aber unterblieben ſei. Obwohl nun jene Kirche zwiſchen den Diöceſen Concordia und Ceneda gelegen war, habe Erich es doch vom Papſte erlangt, daß ſie unmittelbar dem Patriarchen, alſo der Diöceſe Aquileia, unterſtellt wurde.[6])

[1]) Versus de Herico duce, Str. 5, Poet. lat. I, 131.

[2]) Dümmler, Wr. Sitzber. 20, 385, N. 2, iſt nicht ganz ſicher, ob dies auch auf eine Unterwerfung der Kroaten zu deuten ſei, oder nur ganz allgemein von den Avaren gelte. Rački: Monum. Slav. meridional. VII, 302 ſchließt daraus auf Unterwerfung von Pannonia Sirmiensis und Saviensis, ſowie von Iſtrien und Dalmatien oder mindeſtens Liburnien unter die Franken. Ich glaube, daß man mit Rückſicht auf die folgende Strophe 9 — Abel-Simſon II, 197, N. 1 erklärt ſie für unverſtändlich, da ſie von den turres Stratonis, die in Galilaea liegen, und von den portae Caspiae ſpricht — ſich vor zu detaillierten Schlüſſen und Auslegungen hüten ſolle. Es ſcheint darin Paulinus nicht die factiſch in Betracht kommenden geographiſchen Beſtimmungen geben zu wollen, ſondern er charakteriſiert in dichteriſcher Übertreibung die große Ausdehnung der im Oſten Friauls unterworfenen Gebiete durch geographiſche Namen aus dem entlegenen Oſten, dabei ſeine gelehrten Kenntniſſe zur Schau tragend. Die Möglichkeit einer Erklärung oder Conjectur, welche die Strophe auf die in Rede ſtehenden Gegenden beziehen könnte, halte ich nach ſelbſt angeſtellten fruchtloſen Bemühungen ebenfalls für ausgeſchloſſen.

[3]) Vgl. auch die Inhaltsangabe bei Abel-Simſon II, 196 ff.

[4]) Offenbar liegt in dieſer Stelle eine Anlehnung an Davids Trauer über den Tod Sauls vor. (II. Reg. 1, 21.)

[5]) Bei Madrisius appendix II, p. 267, no. XXIII.

[6]) Über das Verhältnis von Erichs Nachfolger, Cadolaus, zu Paulinus iſt nichts bekannt.

Das Bedeutendste, was das Patriarchat dem Markgrafenthum zu danken hatte, war, daß es durch dessen Grenzvertheidigung und erfolgreiche Züge die Draugrenze erreicht hat.

§ 2. Perſönliche Beziehungen.

Paulinus' Stellung als Gelehrter und dann als Patriarch brachte ihn zu den bedeutendsten Perſönlichkeiten ſeiner Zeit in Beziehung, vor allen mit dem Könige Karl und deſſen Hauſe. Es iſt ſchon geſagt worden,[1] daß Karl ihn 776 an ſeinen Hof ins Frankenreich berief, wo er als Lehrer wirkte, und unter anderen auch Alcuin kennen lernte und zum Freunde gewann. Indeſſen entzog die Verleihung der Patriarchenwürde im Jahre 787 Paulinus dauernd dem Hofleben und damit auch der Perſon des Königs. Liegt in der Berufung und der gleichzeitigen Schenkung von Beſitz und Vermögen ſeitens Karls bereits ein Beweis hoher Wertſchätzung und perſönlicher Zuneigung, ſo iſt die Erhebung zum Patriarchen eine ungemeine Aus=zeichnung und Anerkennung bedeutender erprobter Fähigkeiten. Naturgemäß beſchränkte ſich nun der Verkehr des Königs und des Patriarchen auf die wichtigſten, beide betreffenden Angelegenheiten des geiſtlichen und weltlichen Lebens, wie wir ſie in den früheren Abſchnitten darzuſtellen verſucht haben. Ein perſönliches Zuſammentreffen iſt nur noch für die Jahre 792 und 794 bezeugt. In denſelben Grenzen bewegt ſich dem entſprechend auch der brief=liche Verkehr, ſoweit derſelbe überliefert iſt, indem Paulinus Karl Synodal=acten zur Prüfung überſchickt, oder ein dogmatiſches Werk, das er ver=faßt hat, oder ihm auch Wünſche und Beſchwerden, die das kirchliche Leben betreffen, überſendet. Seitens Karls wiſſen wir nur von einem an Paulinus gerichteten Briefe, der den Auftrag der Widerlegung von Felix libellus enthält.[2] Fortdauernd aber blieb die Gunſt des Königs, wie die in Regensburg (792) an Paulinus' Kirche verliehenen Begünſtigungen zeigen.

Auch bei der Königin[3] Liutgard ſtand der Patriarch in Gunſt. Sie ſchickte ihm 796 durch Alcuin zwei Armſpangen aus lauterem Golde, damit er mit ſeinen Prieſtern für ſie bete.[4] Ebenſo bedachte ſie auch den anderen langobardiſchen Metropoliten, Erzbiſchof Petrus von Mailand, mit Ge=ſchenken.[5] Sie hat wohl beide 794 in Frankfurt kennen gelernt und nun aus der Avarenbeute beſchenkt.

----

[1] Oben S. 12.
[2] Paulini ep. ad Carolum regem (Epp. IV, 522 ff. no. 17 [Madriſius p. 95, C, D].
[3] Legitime Gattin Karls und damit officiell Königin iſt ſie wahrſcheinlich erſt ſeit 797; vgl. Abel-Simſon II, 214.
[4] Alc. ep. 96, Epp. IV, 140 [Jaffé 53, VI, 281].
[5] Alc. ep. 190, Epp. IV, 317 [Jaffé 131, VI, 519].

Über persönliche Beziehungen des Patriarchen zu den Söhnen Karls wissen wir so gut wie gar nichts. Selbst bezüglich Pippins läßt sich nicht mehr sagen, als was im vorigen Abschnitte über das Verhältnis des Königs von Italien zu dem Patriarchen von Aquileia gesagt wurde. Allerdings besitzen wir eine Erzählung, die Paulinus mit den Söhnen Karls in enge Beziehung bringt; sie hat aber legendaren Charakter. Ermoldus Nigellus[1]) erzählt nämlich Folgendes: Der Patriarch Paulinus kam auf Befehl Karls an dessen Sitz. Als der erstere einst beim Gottesdienste psalmierend in seinem Chorstuhle saß, schritt ein Mann an ihm vorüber. Paulinus fragte den Diener, wer dieser sei, und als er erfuhr, daß es des Königs ältester Sohn Karl sei, schwieg er. Darauf schritt Pippin, der König von Italien, vorbei; als der Patriarch dessen Namen und Rang erfuhr, neigte er sein Haupt. Zuletzt kam Ludwig, der König von Aqui= tanien. Dieser kniete vor dem Altare nieder und betete. Da erhob sich der Patriarch, schritt auf ihn zu und sprach ihn an; und als er König Karl sah, sagte er zu diesem: wenn ihm nach dem Willen Gottes einer seiner Söhne folgen sollte, so sei Ludwig der geeignetste.

Unter etwas anderen äußeren Umständen schreibt die Vita Alcuini[2]) dies als Prophezeiung — aus demselben Grunde der frommen Demuth Ludwigs — Alcuin zu. Für beide Versionen gilt wohl, was Simson[3]) von der zweiten sagt, daß sie ein vaticinium ex eventu sei.[4]) Keinesfalls kann man die Erzählung des Ermoldus Nigellus für Paulinus' Beziehungen zum Königshause verwerten,[5]) da sie, selbst wenn man ihr einen histori= schen Kern zugesteht, auf Alcuin, den vertrauten Freund des Königs und seiner Kinder, besser paßt. Dagegen liefert Ermoldus Nigellus ein will= kommenes Zeugnis für Paulinus' Andenken in späterer Zeit. Ebensowenig annehmbar ist die Nachricht der Vita Paulini des Nicoletti,[6]) daß Paulinus bei der Krönung Ludwigs zum Könige von Aquitanien (781) zugegen gewesen sei; denn sie beruht auf der irrigen Voraussetzung, daß Paulinus bereits 776 Patriarch geworden sei, und auf der Sucht älterer Biographen, den von ihnen Gefeierten möglichst mit allen Ereignissen in Verbindung zu bringen.[7])

---

[1]) In honorem Hludovici l. I, v. 562—600, Poet. lat. II, 22 f.

[2]) C. 10 bei Jaffé VI, 23 f.

[3]) A. a. O. II, 212.

[4]) Interessant ist, daß beide gleichzeitig entstanden, indem die Vita Alcuini 823—829 verfaßt ist (Wattenbach bei Jaffé VI, 1) und die Schrift des Ermoldus Nigellus ungefähr 826 anzusetzen ist. (Wattenbach: Teutschl. Geschichtsquellen I⁶, 208.)

[5]) Wie Muratori: Annali d'Italia IV, 418 und Manzano: Annali del Friuli I, 240 f. thun.

[6]) Bei Madrisius p. LXVIII, col. 1, § V.

[7]) So soll z. B. Paulinus an der Sachsenbekehrung mitgewirkt haben A. a. O. p. LVIII, col. 1, § V.

Über das persönliche Freundschaftsverhältnis von Paulinus zu Herzog Erich wurde bereits gesprochen.[1])

Am besten sind wir indes über den Verkehr des Patriarchen mit jenen Persönlichkeiten unterrichtet, welche dem literarischen Kreise angehören, der sich am Hofe Karls sammelte. — Vor allem kommt da Paulinus' Verhältnis zu Alcuin in Betracht. Das erste Zusammentreffen dieser beiden Männer fällt 777;[2]) bald verband innige Freundschaft den magister Paulinus mit Alcuin;[3]) scherzweise zählt ihn dieser auch unter seinen Verspöttern auf,[4]) deren Namen uns zeigen, daß Paulinus damals auch schon mit Petrus, dem nachmaligen Erzbischofe von Mailand, gleich ihm damals Lehrer der Grammatik, in Verkehr stand, sowie mit Bernerard, der bald Abt von Echternach wurde. Paulinus blieb mit dem literarischen Kreise an Karls Hofe verbunden, auch als er längst schon aus demselben nach Cividale geschieden war. Einem seiner Schüler von damals, der auch Alcuins Unter=richt genossen hatte,[5]) Angilbert, sandte er Heiligen=Reliquien;[6]) dieser besuchte ihn auch, ihm Briefe Alcuins überbringend.[7])

Mit Alcuin blieb der Patriarch in dauerndem Briefwechsel, der ebenso persönliche, wie die wichtigsten Glaubens= und Reichsangelegenheiten in Erörterung zog; nicht zum wenigsten durch Alcuin blieb Paulinus in Fühlung mit der königlichen Familie. Als er zur Würde des Patriarchen von Aquileia erhoben wurde, schrieb ihm Alcuin[8]) in den Ausdrücken herz=lichster Zuneigung und Verehrung und mahnte ihn an die missionäre Pflicht seines neuen Amtes; was er dem erhabenen Titel nach heiße, möge er durch Verdienste wahrhaft sein. Die Bitte, welche Alcuin in diesem Schreiben ausspricht, ihm die versprochenen Reliquien zu senden, läßt die Vermuthung aufkommen, Paulinus habe bei seiner Erhebung (787) am Hofe Karls geweilt, da wir kein früheres Schreiben Alcuins an ihn haben, anderseits aber in dem diese Erhebung besprechenden, also wohl ersten Schreiben Alcuins nach Cividale, bereits um Erfüllung des Versprechens gebeten wird. Öfters spricht sich die Freundschaft in der Sendung eines Gedichtes aus. So dankt Alcuin in einem solchen[9]) dem Patriarchen für ein Gedicht, das dieser, nach langer Zeit des Freundes eingedenk, ihm gesandt habe. Ein

[1]) Siehe den vorigen Paragraphen.

[2]) Vgl. oben S. 11 f.

[3]) „Paulini gaudens complectere colla magistri, Oscula melligeris decies da blanda labellis." Alc. ad amicos v. 47 f., P. L. I, 222.

[4]) Vgl. oben S. 9 f.

[5]) „Filius communis noster." (Alc. ep. 95, Epp. IV, 140 [J. 52, VI, 280].)

[6]) Angilberti abbatis de ecclesia Centulensi libellus, SS. XV, 176.

[7]) Alc. ep. 95 [J. 52] a. a. O.

[8]) Alc. ep. 28, Epp. IV, 69 ff. [J. 11, VI, 162 f.]

[9]) Alc. carm. XVII, P. L. I, 239.

abermal fleht Alcuin in Versen alle Mächte des Himmels für Paulinus' geistliches und ewiges Wohl an,[1]) oder er schickt ihm in einem Distichon einen Gruß.[2]) Es ist nicht bloß Schönrednerei und Sprachschwelgerei, wie sie dem Zeitgeschmacke entsprach, sondern wahres Freundschaftsbedürfnis, das aus Alcuins Briefen spricht, wenn er Paulinus in überschwänglichen Ausdrücken seiner Liebe versichert. Benützt er doch jede Gelegenheit, um durch Dritte über ihn etwas zu erfahren, ihm durch diese Grüße zu senden oder ihnen gegenüber den Freund zu loben. Angilbert gibt er auf seiner Gesandtschaftsreise nach Rom Briefe an den Patriarchen mit,[3]) desgleichen einem Bischofe Istriens und Herzog Erich, die Alcuin besucht hatten.[4]) Einmal schreibt er ihm in Gemeinschaft von noch drei Freunden;[5]) in der An- rede dieses Briefes nennt er Paulinus mit dem Namen Timotheus nach dem Schüler des heiligen Paulus, indem er Paulus gleichsam als Patronymicum von Paulinus betrachtet[6]) und in der Schülerschaft eine geistige Sohnschaft erblickt. Alcuin schreibt oft an seine Freunde, und er klagt Paulinus wie Arno gegenüber, daß sie dies nicht in gleichem Maße erwiderten.[7]) Leider ist kein Schreiben des Patriarchen an Alcuin erhalten; ganz sicher wissen wir nur von drei Briefen und einem Gedichte Paulinus' an Alcuin, die dieser erwähnt.[8]) Auch Geschenke erhält Paulinus von seinem Freunde in Tours, und als die Königin Liutgard ihm durch solche ihre Verehrung bezeigen will, wendet sie sich an seinen Freund Alcuin, der ihm dieselben vermittelt.

Die Freundschaft dieses Mannes war für Paulinus von großer Be- deutung. Wir sahen, wie er den Metropoliten von Aquileia, den er hiezu am geeignetsten hielt, zur Mission unter den Avaren anfeuerte, wie er König Karl bestimmte, Paulinus mit in den Kampf gegen Felix zu ziehen, und dadurch mittelbar des Patriarchen drei Bücher gegen Felix anregte. Alcuins Fühlung mit allen bedeutenden Ereignissen der Zeit, die große Lebhaftigkeit seines Geistes und seine mittheilsame Natur haben seine Freundschaft sehr wertvoll gemacht. Immer aber betrachtet sich Alcuin als den Untergeordneten dem Patriarchen gegenüber und sieht in ihm den Meister in Gelehrsamkeit und schönem Stil. Wir haben die Worte rühmendster Anerkennung bereits

[1]) Alc. carm. XX., P. L. I, 240 f.
[2]) Alc. carm. XXX., P. L. I, 218.
[3]) Alc. ep. 95 [J. 52] a. a. O.
[4]) Alc. ep. 99, Epp. IV, 143 ff. [J. 56, VI, 284 ff.]
[5]) Alc. ep. 60, Epp. IV, 103 [J. 129, VI, 515 ff.]
[6]) Dümmler, Epp. IV, 103, n. 2.
[7]) Alc. epp. 99, 157, 60, Epp. IV, 143 ff., 255 f., 103 f. [J. 56, 106, 129, VI 284 ff., 440 ff., 515 ff.]
[8]) Alc. carm. XVII, P. L. I, 230 u. Alc. epp. 95, 60, 86, Epp. IV, 139 f., 103 f., 128 ff. [J. 52, 129, 185, VI, 289, 515 ff. 651 ff.]

fennen gelernt, die er den drei Büchern gegen Felix und der regula fidei
widmete. Zur Disputation mit Felix wünscht er den gelehrten Patriarchen
sehnlich herbei.[1]) Während dieser Kämpfe, wolle er wie Moses die Hände
betend emporhalten.[2]) Alcuin ist auch sichtlich in allen seinen Briefen an
Paulinus bestrebt, möglichst schön zu schreiben, d. h. er häuft die an diesem
so bewunderten „flores dictionum" dann ganz besonders stark. — Es
scheint nicht, dass die beiden Freunde, nachdem sie sich bei der Frankfurter
Synode (794) wieder gesehen hatten, noch einmal zusammenkamen. In dem
letzten Briefe Alcuins an den Patriarchen, den wir besitzen,[3]) (ca. 801)
zweifelt er schmerzbewegt an der Wahrscheinlichkeit eines Wiedersehens, klagt
über sein Befinden und sehnt sich nach dem Tode, in welchem ihm der
Freund so bald vorausgehen sollte.

Im Zusammenhange mit dieser Freundschaft des Patriarchen zu Alcuin
muss auch die zwischen ihm und Erzbischof Arno von Salzburg betrachtet
werden; denn es ist eine Art von Freundschaftsbund, der diese drei bedeutenden
Männer jener Zeit verbindet. Alcuin gibt dem einmal in einem Gedichte
an Arno Ausdruck:[4]) er wünsche, der dritte in dem Freundschaftsbunde zu
sein. Dass neben Arno nur Paulinus als zweiter gemeint sein kann, hat
Büdinger[5]) erwiesen. Es stimmt nämlich der Anfang und v. 7 dieses an
Arno gerichteten Gedichtes wörtlich mit dem Anfange und v. 16 von Alc.
carm. XVII,[6]) eines ähnlichen an Paulinus gerichteten Gedichtes überein.

Das erste Zusammentreffen Paulinus' mit Arno, von dem wir sicher
wissen, fällt erst 796, im Lager Pippins im Avarenlande.[7]) Von Briefen,
die uns die Art des freundschaftlichen Verkehres zwischen ihnen zeigen
würden, ist nichts vorhanden oder erhalten. Ferner ist ihr Zusammensein
in Italien sicher bezeugt, wo sie als missi dominici Amtscollegen waren.[8])
Entweder auf dieses oder auf ein zweites Zusammentreffen in Italien weisen
uns auch die zwei Briefstellen Alcuins,[9]) in welchen er Arno fragt, wie
der Papst ihn aufgenommen und wie er mit Paulinus verkehrt habe, und
andererseits ihn bittet, ihn wie dem Papste, so auch dem Erzbischofe von
Mailand und Paulinus in Erinnerung zu bringen.

----

[1]) Alc. ep. 194, Epp. IV, 321 ff. [Z. 135 VI, 527 ff.]
[2]) Alc. ep. 139, Epp. IV, 220 ff. [Z. 94 VI, 392 ff.]
[3]) Alc. ep. 86, Epp. IV, 128 ff. [Z. 185 VI, 656 ff.]
[4]) Alc. carm. XVIII v. 9, P. L. I, 239.
[5]) Öst. Gesch. I, 147 N. 4; ihm ist Dümmler N. Arch. IV, 36 und P. L. I, 239,
u. 6 gefolgt.
[6]) P. L. I, 239.
[7]) Vgl. oben S. 43.
[8]) Vgl. oben S. 103 f.
[9]) Alc. epp. 157 und 186, Epp. IV, 255 f. und 311 ff. [Jaffé 106 u. 126, VI,
140 ff. u. 507 ff.]

Diese Freundschaft zwischen dem Patriarchen von Aquileia und dem Erzbischofe von Salzburg ist von viel größerer, als bloß persönlicher Bedeutung. Sie trug wohl viel dazu bei, eine sachliche, die Rechte beider Kirchen berücksichtigende Lösung der Frage, welchem Diöcesan-Verbande das dem Christenthume gewonnene Ost-Alpenland einzuordnen wäre, zu ermöglichen.

Im übrigen haben wir keine zuverlässigen Nachrichten über den Verkehr des Patriarchen. Die vita Paulini des Nicoletti[1]) behauptet, ohne daß sich die Angabe controlieren läßt, daß der Patriarch mit Wilhelm von Aquitanien und mit Bischof Turpin in literarischem Verkehr gestanden sei. — Auffällig ist, daß Paulinus mit seinem berühmten Zeitgenossen Paulus, dem Diacon aus der Diöcese Aquileia, nicht in Verkehr gestanden zu sein scheint. Am fränkischen Hofe weilte dieser nicht in dem literarischen Kreise, den wir 777 dort versammelt wissen; König Karl kannte ihn damals noch nicht, und auch Alcuin zählt ihn nicht unter den Anwesenden auf.[2]) Weder in Paulinus' noch in Paulus' Gedichten findet sich eine Andeutung persönlichen Verkehres der beiden Männer.[3])

Überblickt man das, was wir von Paulinus' persönlichen Beziehungen wissen, so sieht man, daß sie hauptsächlich den Kreis jener Männer betreffen, die, am fränkischen Hofe verkehrend, König Karl nahe standen. Erscheint dies wohl durch den Mangel an italischen Quellennachrichten so einseitig, so dürfte es aber doch dem thatsächlichen Verhältnisse ziemlich entsprechen, da ja auch in des Patriarchen religiösem und politischem Handeln, auch da, wo wir allseitig gut unterrichtet sind, der Einfluß jenes und fast nur jenes Kreises nachweisbar ist.

VII. Capitel.

Paulinus' literarische Stellung.

Paulinus' Thätigkeit und Einflußnahme auf die Ereignisse seiner Zeit ist vorwiegend eine literarische. Seine Schriften haben aber dadurch, daß sie mehrfach actuelle Zeitfragen behandeln, mehr historische als literarische Bedeutung. Daher wurde die ausführliche Besprechung der Entstehung, des Inhaltes und der Bedeutung des libellus sacrosyllabus, der drei Bücher

---

[1]) Bei Madrisius LXVIII, col. 2, § XVII.
[2]) Vgl. oben S. 9, N. 3.
[3]) In dem Gedichte des Paulus Diaconus, no. XXXV, v. 11 (P. L. 1, 69) beseitigt Dümmlers Lesart Petro statt Paulo, die auch schon Beethmann (Arch. f. ält. deutsche Gesch. X, 249 N. 1) für die richtige erklärt hat, eine etwaige gegentheilige Annahme.

8*

gegen Felix, der regula fidei und des Protokolles über die Heidentaufen bereits bei der Darstellung von Paulinus' Wirksamkeit gegen den Adoptianis= mus und für die Avarenbekehrung nothwendig, ebenso wie der liber ex- hortationis und das Gedicht auf Erichs Tod für die Darstellung des Ver= hältnisses zwischen Patriarch und Markgrafen ausführlich herangezogen werden mußte. Bezüglich dieser Werke erübrigt hier also nur, einiges über Form und Arbeitsweise zu sagen.

Paulinus legt in seinen theologischen Schriften seine Ansichten in einem für unsere Begriffe ungemein schwulstigen, mit Bildern überladenen Stile dar. Wir wissen aber, wie sehr man damals diese Art zu schreiben, bewunderte. Sehr irrig wäre es auch, zu glauben, daß der Patriarch etwa auf die literarische Form allzugroße Stücke halte, und in seinen Werken nur phrasen= haft und nicht sachlich sei. Abgesehen von der gründlichen Benützung der Heiligen Schrift und der Kirchenväter zeugen für diese Art auch seine eigenen Worte, in welchen er den Inhalt über die Form stellt.[1])

Wir sind aber auch in der Lage, einen genaueren Einblick in Paulinus' Arbeitsweise bei der Abfassung seiner theologischen Schriften zu thun, der uns die Überzeugung verschafft, daß er geradezu in modernem Sinne kritisch vorgieng.[2]) Es heißt nämlich beim Evangelisten Marcus,[3]) daß Tag und Stunde des Gerichtes auch den Engeln nicht bekannt sei, und auch nicht dem Sohne. In dieser Stelle glaubte Paulinus einen Formfehler zu finden, nämlich die Nennung des Sohnes nach den Engeln, „des Herrn nach dem Diener". Der Patriarch fühlt allerdings nicht, daß hierin eben ein Klimax liegt, welcher sagen will: Die Engel wissen ihn nicht, ja selbst nicht der Sohn — „sondern nur der Vater", wie es auch bei Matthäus[4]) ergänzend heißt. Paulinus — sachlich im Mißverständnisse befangen — übte nun Kritik an der Überlieferung, indem er die älteren Evangelien-Handschriften, die sich im Kirchenschatze befanden, nachschlug; hier fand er das neque filius nicht, worauf er sich vergewisserte, daß es auch bei Hieronymus und Ambrosius, denen alte griechische Evangeliarien zu Gebote gestanden hatten, fehlte. Nun erklärte Paulinus diese Worte als späteren Zusatz zu der Überlieferung des Marcus. Trotzdem will er aus der Stelle keine Folgerungen für seine Darlegungen ableiten, da er doch nicht die Gewähr zweifelloser Richtigkeit habe. Man sieht, welch' solide Gelehrsamkeit und gründliche Arbeit seiner oft nur blumenreich und schwungvoll scheinenden Darstellung zugrunde liegt. Diese erhebt sich hie und da, besonders am

---

[1]) Vgl. unten S. 122.
[2]) Das Folgende gründet sich auf Paul. lib. contra Felicem III, 12 (bei Madrisius p. 154 f.)
[3]) 13, 32.
[4]) 24, 36.

Schlusse eines Werkes, zu einem Gebete; so schließt er mit einem solchen seine drei Bücher gegen Felix und wendet diese Form auch im liber exhortationis an.

Dies letztere Werk ist für die Betrachtung von Paulinus' literarischer Persönlichkeit von besonderem Interesse, denn es weist einen ganz anderen Stil auf, als die theologischen Schriften. Derselbe ist einfach, ohne rhetorischen Schmuck, der Bildung eines Laien, für den das Buch bestimmt war, entsprechend. Wenn auch zum großen Theile nur Compilation — cc. 10—20 stammen aus des Pomerius Schrift über das beschauliche Leben,[1]) cc. 20—45 aus einer admonitio ad filium spiritualem, welche als Übersetzung eines verlorenen Originales Basilius' d. Gr. gilt[2]) — so zeugt diese Schrift doch gerade in der Auswahl dessen, was sie benützt und wessen Stil sie nachahmt, daß Paulinus der Wirkung der Sprache sich völlig bewußt ist und diese je nach Absicht und Publicum des Werkes, das er schreibt, verschieden gebraucht. Zu dem Zwecke solcher Erbauungsbücher lag es, daß sie nicht so sehr originale Gedanken enthielten, als vielmehr eine Zusammenstellung guter Lehren waren, wie sie sich bei den Kirchenvätern und anderen kirchlichen Schriftstellern vorfanden.

In dieser Art ist auch eine Schrift abgefaßt, die Martène und Durand[3]) in einer Handschrift s. XIII. fanden und Paulinus zuschrieben, eine Sammlung von Bußermahnungen, die aus den Kirchenvätern excerpiert sind, und durch ein „prooemium ad amoena poenitentiae nos invitantis" eingeleitet werden. Nur dieses ist bei Martène und Durand abgedruckt, weshalb mir die Schrift selbst nicht zugänglich war. Sie enthält nach den eben genannten Gewährsmännern ein Merkmal, welches ihre Entstehungszeit nach vorne mit der Mitte des siebenten Jahrhunderts abgrenzt, indem in ihr der heilige Isidor citiert ist, welcher ungefähr 636 starb. Ob Paulinus der Verfasser ist, läßt sich nicht entscheiden; der Stil des Prooemiums würde lebhaft dafür sprechen.

---

[1]) Ebert: „Allgemeine Gesch. d. Literatur des Mittelalters im Abendlande" II, 90.

[2]) Mabrisius p. 30, der allerdings geneigt ist, diese muthmaßliche Übersetzung für einen jüngeren Auszug aus dem lib. exhortat. zu halten. — Hauck II, 148, A. 3, bemerkt überdies in c. 8 des lib. exhort. [Mabr. p. 25] eine fast wörtliche Übereinstimmung mit Alc. ep. 15, Epp. IV, 41 [J. 21, VI, 78], die sich indes weiter erstreckt als er angibt, nämlich auf die Stelle des lib. exhort. von: „Ille a nobis non aliud" bis: „prope erit nostris" und die Stelle bei Alcuin von: „Inclitas et valde gloriosus" bis: „prope erit nostris." Diese mehrfachen Übereinstimmungen würden übrigens eine Prüfung der handschriftlichen Überlieferung sehr wünschenswert machen.

[3]) Veterum scriptorum et monumentorum collectio I, col. 508 ff. Sie edieren das in Rede stehende Prooemium 1724 aus einer im Kloster Himmerodt befindlichen Handschrift des 13. Jahrh. („ms. ante annos 500 exarato"). Nachdruck bei Migne 99, col. 627 f.

In allen diesen Profa-Schriften steht aber troß der blühenden Rhetorik doch der literarische Zweck hinter dem religiös-praktischen zurück. In den Vordergrund tritt jener hingegen in den Gedichten, auch wenn sie religiösen Inhaltes sind. Daß Paulinus solche überhaupt verfaßte, ist ausdrücklich bezeugt, indem Alcuin eines Gedichtes des Patriarchen Erwähnung thut,[1] ferner durch Walafried Strabo,[2] der berichtet, daß Paulinus öfters und besonders bei gewöhnlichen Messen zum Offertorium Hymnen eigener und fremder Composition — es sind wohl hauptsächlich die Worte gemeint — aufgeführt haben soll. Auf Paulinus' Gedichte bezieht es sich möglicher weise auch, wenn von dem am Ende des elften Jahrhunderts regierenden Abte Desiderius von Monte Cassino gesagt wird, daß er mehrere Cobices abschreiben ließ, u. zw.: „versus Arichis, Pauli et Caroli, versus Paulini".[3] In dieser Zusammenstellung wird man eher an Paulinus von Aquileia, als an Paulinus von Nola denken dürfen, während eine andere Erwähnung Paulinischer Gedichte[4] wahrscheinlicher auf letzteren zu beziehen ist. Indes ist es sehr wenig, was uns von Dichtungen des Patriarchen erhalten ist. Dem Brauche der Zeit und seiner gelehrten Bildung nach dürfte er wohl weit mehr verfaßt haben als das, was man heute als sicher von ihm herrührend bezeichnen kann, oder jenes, was mit größerer oder geringerer Wahrscheinlichkeit, und endlich, was ohne jede Berechtigung ihm zugeschrieben wird.

Die Gedichte dieser drei Gruppen seien in Kürze bezüglich der Zutheilung in eine derselben und vom literarischen Standpunkte aus betrachtet.

Zweifellos gehören Paulinus als Verfasser die „Versus de Herico duce" an, schon nach den Beziehungen des Inhaltes, der bereits besprochen wurde und aus dem sich das Jahr 799 als das der Abfassung ergibt.[5] mehr aber noch durch die Überlieferung der Pariser Handschrift (s. X.),[6] welche ihn als den Autor nennt. Ebert,[7] der dieses Klagelied der volksmäßigen weltlichen Dichtung des karolingischen Zeitalters beizählt, legt auf diesen in rhythmisch jambischen Trimetern abgefaßten Planctus besonderen Wert, weil er eben als solcher der erste seiner Gattung sei, der sich erhalten habe.

Ebenso muß die regula fidei als zweifellos Paulinisch betrachtet werden. In der Pariser Handschrift (s. X) folgt sie auf des Patriarchen drei Bücher

---

[1] Alc. carm. XVII, v. 4, P. L. I, 239.

[2] De rebus ecclesiasticis c. 25 bei Migne 114, col. 954 D.

[3] Chronicon monachi Casinensis SS. VII, 746 f.

[4] Vgl. oben S 11.

[5] Vgl. oben S. 108.

[6] Dümmler, N. Arch. IV, 117.

[7] A. a. O. II. 87.

gegen Felix.[1]) Daß sie aber nicht mit diesen, sondern 796—798 ent=
ſtanden iſt, wurde oben bewieſen.[2]) Aus dem dort Geſagten iſt erſichtlich,
daß Alcuin ein verſificiertes Glaubensbekenntnis von Paulinus kannte, und
im Zuſammenhalte mit der Überlieferung wird man dasſelbe in der in
Rede ſtehenden regula fidei zu erkennen haben. Dieſe behandelt denn auch
in |151 Hexametern[3]) das Bekenntnis der Dreieinigkeit und der Menſch=
werdung Chriſti. Den dogmatiſchen Gegenſtand unterbricht eine blumen=
reiche Schilderung der Paradieſesfluren, auf welchen St. Petrus die Lämm=
lein weiden läßt, worauf — wieder im Sinne des erſten Theiles — die
Widerſacher des in demſelben ausgeſprochenen wahren Bekenntniſſes von
Cerinthus bis Sabellius aufgezählt und verdammt werden.

Ferner bezeichnet die handſchriftliche Überlieferung[4]) den Patriarchen
als den Verfaſſer eines Gedichtes, welches ſie überſchreibt: „Versus Paulini de Lazaro.“[5]) Das Gedicht iſt in trochäiſchen Tetrametern verfaßt
und nicht vollſtändig überliefert, da es innerhalb der 28. Strophe abbricht;
es behandelt die Auferweckung des Lazarus.

Bezüglich zweier Gedichte ſteht die handſchriftliche Überlieferung ſelbſt
in Frage. Es ſind dies der „Rhythmus de nativitate domini“[6]) und die
„Versus de destructione Aquilegiae“.[7]) Die von Dümmler[8]) citierten
Handſchriften nennen keinen Autor, während Georgius Caſſauder[9]) in einem
Briefe erzählt, er ſei 1555[10]) in Flandern auf einen alten Codex geſtoßen,
in dem der Rhythmus de nativitate mit Paulinus' Namen, die Verſe über
Aquileia dagegen mit dem des Paulus Diaconus überſchrieben waren. Die
Übereinſtimmung beider Gedichte — ſie ſind beide in dem ſonſt nicht häufig
auftretenden ſapphiſchen Versmaße verfaßt — läßt ihn denſelben Autor
annehmen, und er entſcheidet ſich wegen zu geringer Ähnlichkeit der in Rede
ſtehenden Gedichte mit denen des Paulus Diaconus für Paulinus als Ver=
faſſer. Dieſer Vorgang iſt entſchieden unrichtig, da die Scheidung der beiden
Namen innerhalb ein und derſelben Handſchrift als eine beabſichtigte zu
reſpectieren iſt. Möglicherweiſe hat man es aber nur mit ſpäter hinzu=
gefügten vermutheten Autornamen zu thun. Eine Entſcheidung iſt, da die

---

[1]) Dümmler N. Arch. IV, 114.
[2]) Vgl. oben S. 76 f.
[3]) Ausgabe: Poet. Lat. I, 130; in N. Arch IV, 114 zählt Dümmler — gleich
Ebert II, 90 — 152 Verſe.
[4]) N. Arch. IV, 115 und 117.
[5]) P. L. I, 133 ff. no. 3.
[6]) P. L. I, 144 ff. no. XI, bei Mabriſius p. 184 f.
[7]) P. L. I, 142 ff. no. X. Mabriſius kannte nur die 1. Strophe.
[8]) N. Arch. IV, 117 f.
[9]) Georgii Cassandri opera [Parisiis 1616] p. 149.
[10]) Dies ergibt ſich im Zuſammenhalte mit der Datierung des Briefes auf p. 156.

in Rede stehende Handschrift nicht bekannt ist, unmöglich, und daher auch
eine bestimmte Zuweisung der Autorschaft an den Patriarchen nicht erlaubt,
nachdem keine zwingenden inneren Gründe in den beiden Gedichten vorliegen.[1]) Das erst erwähnte handelt über die Geburt Christi und führt die
Erzählung der biblischen Begebenheiten bis zum bethlehemischen Kindermord
fort. Das zweite — wie das vorige in rhythmisch iambischen Trimetern
und sapphischen Strophen abgefaßt, diese aber überdies mit alphabetischen
Anfängen — ist ein Klagegedicht auf die Zerstörung Aquileias durch
Attila, die auch geschildert wird; durch ihren Hochmuth habe die einst
glänzende Stadt dies Gottesgericht über sich heraufbeschworen, so daß sie
jetzt eine Trümmerstätte und Zufluchtshöhle sei, aus welcher der Marmor
der Gräber geplündert werde. Es schließt mit einer Bitte an Christus, das
Unglück abzuwenden. — Dümmler[2]) macht es den Eindruck, als ob das Gedicht
nicht lange nach der Katastrophe geschrieben sei. Auch Wattenbach[3]) spricht
es Paulinus ab.[4]) Immerhin bleibt aber die Möglichkeit aufrecht, daß er
der Verfasser eines der beiden Gedichte sei.

Von den Poesien, welche dem Patriarchen ohne handschriftliche Gewähr
von Mabrisius zugeschrieben werden, möchte ich im Gegensatze zu Dümmler[5])
das von ihm als no. V der carmina dubia Paulini[6]) abgedruckte Gedicht,
das Mabrisius[7]) „in natali sanctorum apostolorum Petri et Pauli"
überschreibt, allein auf innere Gründe gestützt, für Paulinisch halten. Ich
lege dabei Gewicht auf Mabrisius' Nachweisung[8]) der Übereinstimmung des
Beginnes von Strophe 2:

> „Hii sunt olivae duae coram domino
> Et candelabra luce radiantia
> Praeclara caeli duo luminaria . . . "

---

[1]) Mabrisius (p. 186) will sie für Paulinus in Anspruch nehmen. Ihm folgt Ebert,
(II, 88 f. und 91) und bezüglich der Verse auf Aquileia auch Kandler, Archeógrafo
Triestino, nuov. ser. I, 136.

[2]) P. L. I, 142 f.

[3]) Deutschl. Geschichtsqu. I³, 142 A. 1.

[4]) Ein Gegenstück zu demselben sind — gleichfalls alphabetisch — „Item versus de
Aquilegia", beginnend: „Aquilegia gloriosa quondam urbs et inclita." (P. L. II,
150 ff.; R. Arch. IV, 118.) Es ist ein Schmähgedicht auf Aquileia und eine Verherrlichung
Grados, hängt also mit den Streitigkeiten dieser beiden Metropolen, wie sie 827 besonders
heftig hervorbrachen (vgl. oben S. 27), zusammen. Man könnte vielleicht eine Stütze
der Annahme, daß Paulinus der Verfasser des oben genannten Gedichtes sei, darin finden,
daß hiedurch das boshafte Gegenstück besonders veranlaßt erscheint, wenn es ein Hohn
auf ein Gedicht des gewesenen Oberhirten der feindlichen Metropole war.

[5]) R. Arch. IV, 117.

[6]) P. L. I, 136.

[7]) P. 177, hymn. II.

[8]) P. 178. col. 1, A.

mit lib. I contra Felicem, cap. 36: „ecce Petrus et Paulus, duo vide-
licet fulgentia mundi candelabra" unb cap. 45: „Petrum Paulumque
duo praeclara coeli luminaria." Diefelben Perfonen — bie beiben Apoftel=
fürften — werben mit benfelben Worten in bem Gebichte gefeiert, wie in
ber erwähnten Profafchrift. Daburch fcheint mir bie Jbentität bes Berfaffers
fichergeftellt, unb Paulinus, ber Autor ber letzteren, ift alfo auch ber bes
erfteren. Das Poem ift ebenfalls in iambifchen Trimetern abgefaßt.

Alle übrigen von Mabrifius unb anberen[1]) Paulinus noch zugefchrie=
benen Gebichte finb bezüglich ihrer Autorfchaft ganz unbeftimmbar unb von
Dümmler unter bie carmina dubia eingereiht worben.[2]) Die Übereinftim-
mungen unter ihnen — no. VI, VII, VIII, IX in Dümmlers Ausgabe
haben alle ähnliche Anfangsftrophen, VI, VIII, IX auch fehr ähnliche
Schlußftrophen — beweifen auch nicht einmal, baß fie einem unb bem=
felben Autor angehören, ba bie Schablonenhaftigkeit gerabe bes Anfanges
unb Enbes bie Bermuthung Bübingers[3]) fehr wahrfcheinlich macht, baß
man es hier mit bloßen Schulübungen zu thun habe.

Das Gleiche gilt von ben beiben alphabetifchen Gebichten, bie Mabrifius
nicht kennt, ben „versus de episcopis sive sacerdotibus"[4]) unb ben „versus
de malis sacerdotibus",[5]) einem Gegenftück zu bem erfteren, bie nach Beeth=
mann[6]) benfelben Berfaffer haben bürften, als welchen er neben anberen
auch Paulinus für möglich hält. Demfelben Autor fchreibt Beethmann bie
versus de Aquileia zu, weil fie ganz gleiche Art aufweifen. Nach biefem
Borgange müßten alfo bie beiben alphabetifchen Gebichte, bas auf Aquileia,
bann aber auch ber Hymnus auf bie Geburt Chrifti fich als bas Werk
eines unb besfelben Autors, ber allerbings noch unbekannt bliebe, barftellen.
Jnbeffen halte ich es nicht für richtig, bloß auf bie Gleichförmigkeit von
Ausbrucksweife vnb Bersmaß geftützt, bie Autorfchaft beftimmen zu wollen,
ba man hiebei wohl weniger mit bichterifchen Jnbivibualitäten als mit
Schule unb Mobe zu rechnen hat. So weist auch ein Gebicht, bie „versus
de luctu poenitentiae",[7]) bas gleich bem auf bie Geburt Chrifti unb bem

---

[1]) So fchreibt Bähr: Gefch. b. Röm. Literat. III. Supplementbb. S. 89, Paulinus ben
Hymnus: „De dedicatione ecclesiae" (P. L. I, 141, no. IX [Mabrif. p. 189]) zu.

[2]) Es finb bies: hymnus I—VI, ed. Madrisius p. 175 ff.; ihnen entfprechen
no. IV—IX, ed. P. L. I, 136 ff. — Ausgenommen von biefen ift ber früher befprochene
hymn. II (ed. Madris.) = no. V. (P. L.)

[3]) Öft. Gefch. I, 143 f., A. 6.

[4]) P. L. I, 79 ff., no. LI.

[5]) P. L. I, 81 ff., no. LII.

[6]) „Paulus Diaconus' Leben unb Schriften", im Archiv b. Gefellfch. f. ält. beutfche
Gefch. X, 320.

[7]) P. L. I, 147 f.

auf Aquileia in fapphifchem Versmaße abgefaßt ist, vollständig schulmäßigen
Schluß auf, ferner stimmt, wie Dümmler bemerkt,[1]) deffen Strophe 14
mit Str. 2 von no. VI,[2]) überein.

So erübrigt denn sehr wenig, was wir als poetischen Nachlaß des
Patriarchen kennen. Der Inhalt desselben erstreckt sich auf weltliches und
geistliches Gebiet. Das erschütternde Ereignis, das sein Heimatland betroffen,
den Tod Erichs, beklagt er in Versen, die kirchlichen Feste der Heiligen
und biblische Begebenheiten verherrlicht er in Hymnen. Seine Sprache ist
auch in den Dichtungen gekünstelt, der Ausdruck der Empfindung ein vor=
wiegend rhetorischer. Er wendet meist den iambischen Trimeter an, denselben
auch mit der fapphischen Strophe und den beliebten alphabetischen Vers=
anfängen combinierend. Sein Versbau ist nicht der beste. Paulinus weiß
das, aber er hält darauf keine großen Stücke. Im Nachworte zur regula
fidei ironisiert er die Splitterrichter in der Verskunst und bekennt, aus
ihren Vorwürfen sich nicht viel zu machen. Seine Leser mögen ihn ver=
beffern, aber sehen, daß sie über der Form nicht den Inhalt zu Schaden
bringen.[3]) Dennoch wurzelt seine Diction in prosaischen und besonders in
poetischen Darstellungen in claffischen Vorbildern. Besonders ist es Vergil,
dem er, wie seine literarischen Zeitgenoffen, viel verdankt. So beginnen —
um nur einige wenige Beispiele zu nennen — die versus de Herico duce
mit einer Reminiscenz aus Vergil;[4]) auch die regula fidei weist solche
auf:[5]) in v. 107 derselben[6]) sagt er, die christliche Vorstellung der ewigen
Strafe in antik heidnischer Form ausdrückend, von dem Häretiker Sabellus:
„Cocyti gemet ustus ab unda", oder er spricht in v. 28[7]) vom Olympus.
In v. 94 weist Dümmler[8]) die Benützung des Sedulius nach. In den
Worten des Protokolles über die Avarentaufen von 796: „quod dignum
sanctum iustumque est"[9]) wird man wohl eine christliche Umformung
des römischen bonum, felix faustumque erblicken dürfen.

Es erhellt aus dem Überblicke über das, was Patriarch Paulinus
geschrieben hat, daß er im Vollbesitze der römisch=christlichen Bildung war,
wie sie die auserlesensten Geister seiner Zeit auszeichnete, belesen in den
Kirchenschriftstellern wie in den römischen Claffikern, und besonders geübt

---

[1]) P. L. I, 148, N. 1.

[2]) P. L. I, 137.

[3]) Alcuin dagegen, dem die regula — wohl mit dem Nachworte — gesendet wurde,
hält die Metrik hoch; vgl. carm. CXVIII, P. L. I, 347.

[4]) Vgl. Büdinger: a. a. O. I, 134, A. 1.

[5]) P. L. I, 126, A. 4 u. 130, A. 3.

[6]) P. L. I, 129.

[7]) P. L. I, 127.

[8]) P. L. I, 129, A. 1.

[9]) Alc. ep. 68, Jaffé VI, 311.

in dem Gebrauche einer rhetorischen, bilderreichen, seine Gelehrsamkeit wider=
spiegelnden Sprache, die ihm, wie schon erwähnt, die besondere Bewunderung
seines Freundes Alcuin eintrug. Es verräth auch den in diesem Bildungs=
kreise befangenen, feinen, italienischen Geistlichen, wenn er von den Avaren
als ein Zeichen besonderer Roheit hervorhebt, daß sie ohne Kenntnis der
Buchstaben seien. Dieser Geist spricht auch aus dem Gedichte auf die Zer=
störung Aquileias, das, wenn nicht von Paulinus, so doch sicher von einem
italienischen Geistlichen verfaßt ist, wenn von „rusticorum speleum"[1])
gesprochen wird.

Eine nähere, insbesondere philologische Würdigung der literarischen
Werke des Patriarchen muß dem Literar=Historiker überlassen bleiben.

Was hier hauptsächlich in Betracht kommt, ist, daß seine grammatisch=
literarische Bildung Paulinus mit König Karl und dem fränkischen Kreise
im Verkehr brachte, daß er ferner, von seinen Zeitgenossen als bedeutender
Literat und Gelehrter in dogmatischen Dingen anerkannt, als solcher mit
seinen Werken actuell eingriff in die Dinge, welche seine Zeit beschäftigten,
und jene daher, wie sich gezeigt hat, heute mit eine Quelle für die Geschichte
derselben sind.

Schluſs.

Im Jahre 800 übersandte Paulinus seine drei Bücher gegen Felix an
König Karl. Wir haben keine spätere Nachricht mehr über sein Leben, dessen
Ende die Annales Laurissenses minores[2]) zum Jahre 802 berichten.
Der öfter wiederholte Ansatz seines Todes zum Jahre 804 stützt sich darauf,
daß Paulinus 803 das angebliche Concil von Altino abgehalten habe, und
ist mit diesem zu beseitigen.[3]) Er dürfte ein Alter von sechzig Jahren oder
darüber erreicht haben;[4]) etwas über fünfzehn Jahre hatte er den Patri=
archenstuhl inne. Als Todestag bezeichnen die meisten, allerdings erheblich
späteren Kalendarien und Martyrologien den 11. Jänner.[5]) Man wird wohl
gerade hierin der Tradition folgen dürfen. Er wurde in der Basilica von
Cividale begraben;[6]) Alcuin hat ihm folgende Grabschrift gedichtet:

---

[1]) Str. 16. P. L. I, 143.
[2]) Paulinus patriarcha Foroiuliensis obiit [SS. I, 120].
[3]) Vgl. oben S. 89, N. 4.
[4]) Vgl. oben S. 7. Madrisius zählt, da er irrigerweise die Erhebung zum Patriarchen 776 ansetzt, circa 78 Lebensjahre und 28 Regierungsjahre.
[5]) Madrisius p. XXXVII, col. 1.
[6]) Bellonius: de vitis et gestis Patr. Aquil. bei Muratori, SS. XVI, 32; zu
seiner Zeit (ca. 1530) wurden bei einer Restaurierung der Kirche die sterblichen Reste des
Patriarchen gefunden.

„Hic Paulinus ovans toto requiescat in aevo,
Hocque cubile pater dignus dignetur habere,
Invidus hoc templum nunquam pertranseat hostis,
Ne caros animis subito disiungat amicos,
Quos Christi caritas caros coniunxit amicos."

Es ist zweifelhaft, ob die beiden letzten Verse auf Angehörige des Dom-
capitels weisen, an deren Seite er begraben ist, oder ob nicht vielmehr, was
mir wahrscheinlicher ist, ein einziger Freund gemeint ist, und ich würde dann
an Erich denken, an dessen Seite Paulinus bestattet wurde. Liruti fand
1776 noch Theile des Grabsteines erhalten.[1]) Die Gebeine des Patriarchen
wurden später, als in ihnen die Reliquien eines Heiligen verehrt wurden,
im Hochaltare der Kirche beigesetzt, aber 1734 bei dessen Restaurierung —
wie es scheint, nicht vollständig — in einer Urne geborgen und dieselbe in
der Kapelle des heil. Donatus beigesetzt.[2])

Die Verehrung des Patriarchen Paulinus als eines Heiligen faßte
zunächst in der eigenen Diöcese Wurzel, um sich von hier nach Karantanien
und später auch nach Deutschland und Frankreich Eingang zu verschaffen.[3])
Mabrisius hat mit großem Fleiße Nachrichten, die sich auf den Cult des
Patriarchen beziehen, zusammengetragen, die ihn als Geistlichen besonders
interessieren; hier genügt es, unter Hinweis auf Mabrisius einige wichtigere
diesbezügliche Daten zu geben, welche nothwendig und hinreichend sind, um
das Bild des Patriarchen auch nach der Seite hin, welche ihn als eine
heilige Gestalt, bis zum heutigen Tage im Gedächtnisse und in der Verehrung der Kirche fortlebend zeigt, zu kennen.

Ob bereits der in der Litanei Karls des Kahlen angeführte Paulinus
der Patriarch ist, läßt sich nicht entscheiden, wenn es auch einige Wahrscheinlichkeit hat.[4]) Aus dem zwölften Jahrhunderte ist uns zu Cividale
die Existenz einer ihm geweihten Kapelle durch eine Urkunde des Patriarchen Peregrinus I. vom Jahre 1139 bezeugt.[5]) Diese Kapelle des
heil. Paulinus, die Mabrisius in der Kirche Santa Maria di Corte vermuthet,[6])
kannte Nicoletti noch; sie wurde 1553 mit dem Palaste des Calixtus
beseitigt.[7]) Derselbe Patriarch Peregrinus ließ eine silberne Tafel anfertigen,
welche mit Bildern von Heiligen geziert war, darunter auch das des heiligen

---

[1]) Notizie delle cose del Friuli I, 225.

[2]) Mabrisius p. LI.

[3]) Mabrisius p. XLVIII, col. 2, § II., der sich auf die Martyrologien stützt.

[4]) Mabrisius p. XLIX, c. XVII, § III u. p. 253, append. I, no. XII.

[5]) Mabrisius p. L, § V.

[6]) Mabrisius p. L, col. 2, § VI.

[7]) Bei Mabrisius p. LXVIII. col. 2, § XX.

Paulinus.[1]) Im Jahre 1494 ordnet ein Capitelbecret die Herstellung seiner Figur in Silber an.[2]) Von lebhafter Verehrung zeugt ein im liber sacramentorum der Kirche von Cividale aus dem Jahre 1303 überkommenes Gebet,[3]) welches lautet: „Deus, qui populo tuo aeternae salutis beatum Paulinum ministrum constituisti, praesta, quaesumus, ut quem doctorem vitae habuimus in terris, intercessorem semper habere mercamur in coelis.“ — Die Verehrung des Volkes bringt ihm den üblichen Dank für wunderbare Heilungen dar, wie aus einem Inventare des Kirchenarchivs von Cividale aus dem Jahre 1566 hervorgeht,[4]) wo es zum 8. September heißt: „una vita ed un dente, tutti d'argento, presentati a S. Paolino.“

Wie das Gedächtnis des Namens, der Gerechtigkeit und Frömmigkeit[5]) des Patriarchen von der gläubigen Verehrung bis auf den heutigen Tag bewahrt wird, so hat auch die Autorität seines Wortes und seiner Person ihn selbst überlebt. Wir sahen,[6]) wie zur Zeit Karls des Kahlen Hinkmar von Rheims sich auf den Einfluß des Patriarchen bei Karl b. Gr. beruft und ihn den bedeutendsten Männern an die Seite stellt, für wie maßgebend er die in Paulinus' epistola de Heistulfo enthaltene Sentenz hielt, die er an den Erzbischof Vulfab von Bourges sandte. Desgleichen zeigt die Erzählung des Ermoldus Nigellus,[7]) die Paulinus mit den Söhnen Karls in Verbindung bringt, und ihm die Prophezeiung von Ludwigs Nachfolgerschaft im Kaiserthume zuschreibt, wie bekannt Paulinus besonders im Frankenreiche war, und wie die Verehrung beginnt, um seine Person die Legende zu weben. Am treffendsten hat die Inschrift am Patriarchen-Palaste in Udine, die zur Zeit Madrisius', der dies mittheilt,[8]) inhaltlich erweitert wurde, Paulinus' bedeutendste Verdienste festgehalten, indem sie des Patriarchen Kampf gegen Felix und die Vergrößerung der Kirchenprovinz Aquileia, die durch sein Ansehen bei Karl bewirkt worden sei, hervorhebt.

Erfüllt von der Idee einer den ganzen geistigen Gehalt der Religion mit ihrer sittigenden Wirkung repräsentierenden Kirche, erfüllt von der Idee der großen Karolingischen Monarchie, im Besitze der Bildung seiner Zeit, im Verkehre mit ihren bedeutendsten Männern, und durch sie vielfach

---

[1]) Madrisius reproduciert die bildliche Darstellung zu p. IX.
[2]) Madrisius p. 278, app. II, no. LXI.
[3]) Madrisius p. XLIV, col. 2, § XIV.
[4]) Madrisius p. XLI, col. 2, § XVI.
[5]) Alcuin (carm. XVII, v. 15, P. L. I, 239) nennt ihn: „Iustitiae cultor, sacrae pietatis amator“; die gleichen Worte gebraucht er einmal von Leo III. (carm. XV, v. 5, P. L. I, 238.)
[6]) Siehe oben S. 101 f.
[7]) Siehe oben S. 111.
[8]) P. LIII.

angeregt, an der Spitze einer der ältesten Metropolitankirchen, hat Paulinus, temperamentvoll und energisch,[1] im Wirkungskreise derselben hierarchische Verfassung und religiöses Leben gefördert, die Grenzen ihres Gebietes und des Glaubens erweitert, und in den Begünstigungen, die er vom Franken= könige für sie erreichte, den Grund zur weltlichen Hoheit des späteren deutschen Reichsfürstenthumes für das Patriarchat von Aquileia gelegt. Mitarbeitend an der Culturmission des Karolinger=Reiches, zählt er zu den bedeutendsten Männern jener großen Zeit. Zu Alcuin im Westen und Arno im Osten gehört im Süden der Patriarch von Aquileia, Paulinus.

---

[1] Kaemmel, a. a. O. S. 226 sagt wohl zu viel, wenn er ihn einen Mann „voll Stolz und Selbstbewußtsein und Kampfeslust" nennt.

Inhalts-Verzeichnis:

Buchdruckerei „Austria" Franz Doll, Wien.